歴史文化ライブラリー
260

古事記の歴史意識

矢嶋 泉

吉川弘文館

目次

〔凡例〕

一、テキストについて

1 テキストはそれぞれ以下のものによった。

古事記　新編日本古典文学全集『古事記』（小学館）

日本書紀　日本古典文学大系『日本書紀』（岩波書店）

続日本紀　新日本古典文学大系『続日本紀』（岩波書店）

万葉集　日本古典文学全集『万葉集』（小学館）

懐風藻　日本古典文学大系『懐風藻・文華秀麗集・本朝文粋』（岩波書店）

先代旧事本紀　鎌田純一『先代旧事本紀の研究　校本の部』（吉川弘文館）

歌経標式　沖森卓也・佐藤信・平沢竜介・矢嶋泉『歌経標式　注釈と研究』（おうふう）

2 本文の引用は原則として訓読文によることとし、必要に応じて原文を示した。ただし、私に訓読を改めた箇所がある。

a 引用に際して旧字体・異体字の類は原則的に新字体に統一した。

b 干支、年齢・年数などの助数詞つきの数字、月名などの和訓は、原則的に省略した。

c 原文が細字もしくは細字双行である場合については、〈　〉内に記すこととし、あえて原体裁を取らなかった。

d　本文からの引用文に施したふりがなは、歴史的仮名遣いとした。ただし、行論中に引用した固有名詞については一般的通用性を考慮して、原則的に現代仮名遣いにしたがった。

二、参考文献について

1　掲出した論文の掲載雑誌・巻号・発刊年、書籍の刊行年・書誌・出版社などは、巻末の参考文献一覧にまとめて掲出した。ただし、書籍化されたものについては、主要なものに限った。

2　参考文献からの引用に際しては、仮名遣いは原文のままとしたが、旧字体は新字体に改めた。ふりがなについても原文のままとし、私に施したものについては（　）内に記して区別した。

『古事記』は偽書か――プロローグ

1　『古事記』は偽書か

『古事記』は和銅《わどう》五（七一二）年に成立した現存最古の歴史書として知られるが、その一方で、和銅の成立を疑問とし、元明《げんめい》勅撰を装った後世の偽作とする説もすでに江戸時代中期には現れている。

最古の偽書説

もっとも早く偽書説を唱えたのは河村秀興《ひでおき》『古事記開題』（十八世紀半ばの成立）に引用された「或説」である（以下単に「或説」と呼ぶ）。提唱者の名は記されていないが、『古事記開題』と同時代ないしその少し前のものと見られる。その主張は明快で、1序文の作文能力が時代に合致しないこと、2『日本書紀』『続日本紀《しょくにほんぎ》』に成立に関する記事がないこと、3序文の記す成立の経緯と天武《てんむ》紀十年三月条の帝紀《ていき》・上古諸事《じょうこしょじ》の記定作業とが矛

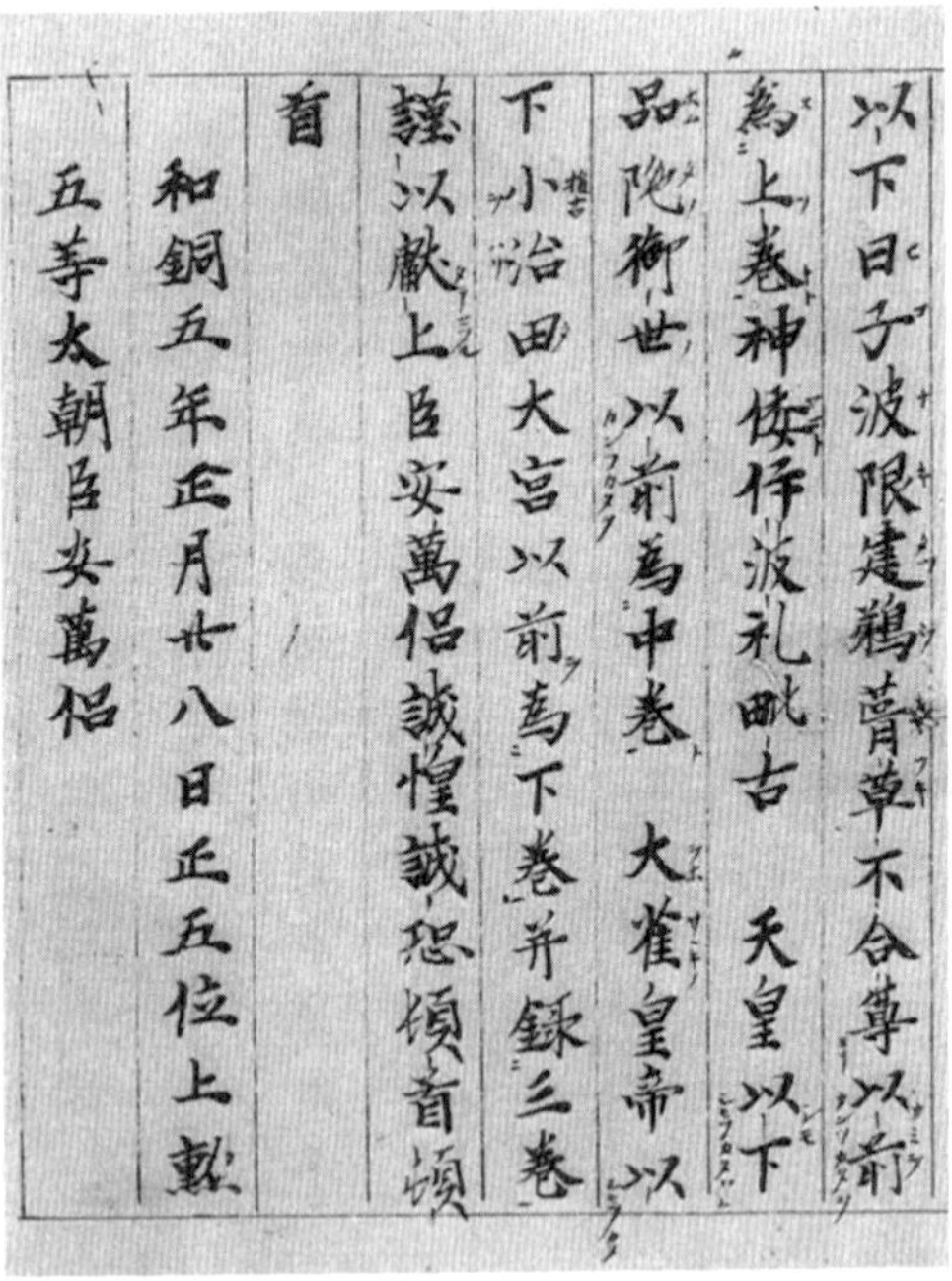
以下日子波限建鵜葺草不合尊以前
爲上巻神倭伊波礼毗古 天皇以下
品陀御世以前爲中巻 大雀皇帝以
下小治田大宮以前爲下巻并録三巻
謹以獻上臣安萬侶誠惶誠恐頓首頓
首
和銅五年正月廿八日正五位上勲
五等太朝臣安萬侶

図1　兼永筆本『古事記』序文末尾
卜部系諸写本の祖本．大永２（1522）年の書写かとされる．
奏上年月日と太安万侶の署名．

盾すること、の三点を根拠として挙げている。すでに偽書説の基本的枠組みは、この時点で形作られているといってよい。

「或説」は具体的な偽作の次第にも言及し、撰者不明の「上代ノ野史《やし》」に後世の人が序文を偽作して「撰者ヲ安麻呂《ママ》ニ託シタルモノカ」と推測しているが、偽書説の歴史がこう

図2　『級長戸風』
江戸後期の国学者沼田順義の講述をまとめたもの（文政13〈1830〉年刊）．刊行されたものとしては最も早い偽書説となる．

した序文後加説から始発したことは注目されるところである。

その後、本居宣長《もとおりのりなが》『古事記伝』は作品内部に見いだされるさまざまな徴証を挙げて『日本書紀』以前の書と認められることを実証的に論じたが、個別の注釈作業での指摘にとどまったこともあって、個々の論証のもつ意義は十分に理解されるには至らなかった。『古事記伝』の刊行が完了した八年後には、偽書説を唱える沼田順義《ゆきよし》『級長戸風《しなとのかぜ》』が刊行されているし、その後も川北朝弘『旧事《くじ》本《ほん》紀《ぎ》参考談《さんこうだん》』などが偽書説を展開している。

ただし、順義の論は序文・本文すべてを後世の偽作とする点で「或説」と相違するものの、発想自体は「或説」の2・3と同じ根拠に基づいており、特に新しい要素が付加されたわけではない。川北朝弘『旧事本紀参考談』に至っては、「一字一言に用ひ(ママ)、延喜の後の作言を加へ、耳遠き語を古文・古言と心得たる僻言《ひがごと》也。文章・文字違《たが》ひ、古人の作りたる物にあらず」という、具体性を欠いた『古事記』批判でしかなかった。結局、江戸後期の偽書説は新たな展開を見せることなく停滞していたといってよい。

近代に入ると、大正十三（一九二四）年五月に『史学雑誌』に掲載された中沢見明《けんみょう》「古事記は偽書か」を皮切りに偽書説の活動は再開される。中沢は五年後には前稿を増補して『古事記論』を刊行し、第二次世界大戦を挟んで筏　勲《いかだいさお》『上代日本文学論集』、同「古事記偽書説は根拠薄弱であるか」、松本雅明「古事記の奈良朝後期成立について」などがこれにつづき、その後も間歇的《かんけつてき》に繰り返されて今日に至っている。「或説」が現れてから今日に至るまで、偽書説の歴史はすでに二五〇年以上を経たことになる。

解決しない偽書問題

断続的とはいえ、一つの書物をめぐり二五〇年以上にわたって疑惑の目が向けられつづけるというのは少々異常な情況ではある。とはいえ、このことが直ちに『古事記』成立をめぐる疑惑の深さを意味するわけではない。

視点を変えれば、偽作の立証に成功を収めることができずに経過した偽書説の歴史をそのまま体現しているともいえるからである。

左に示すように、その間、研究史は和銅年間の成立と捉えて矛盾しない内部徴証をさまざまな角度から確認し、蓄積してきたのであって、現時点で偽書説を採用すべき積極的な理由はないといってよい。

1　日本の国号には、大宝令《たいほうりょう》が始用とされる「日本」の表記は見いだされず、「倭」が専用されている。(本居宣長『国号考』)

2　「无耶志国《むざしのくに》」「木国《きのくに》」などの行政単位としての国名表記は、基本的に大宝令施行以前の用字が用いられている。(直木孝次郎『飛鳥奈良時代の研究』)

3　天皇統治を表す用語には、大宝令が始用とされる「御宇」は認められず、「治天下」が用いられている。(武田祐吉『古事記研究　帝紀攷』)

4　皇子女の称号には、浄御原令《きよみはらりょう》が始用とされる「皇子(皇女)」号(虎尾達哉「律令国家と皇親」)、大宝令が始用とされる「親王(内親王)」号が用いられていない。(本居宣長『古事記伝』)

5　天皇の嫡后の称号には、三例の例外(仲哀《ちゅうあい》記末注記、安康《あんこう》記、清寧《せいねい》記)を除き、浄御原令が始用とされる「皇后」号は用いられず、「大后」「后」が用いられている。（岸俊男『日本古代政治史研究』）

6　氏祖注《しそちゅう》（氏祖系譜）所載氏族と天武賜姓《しせい》記事との間に密接な関連性が認められ、所載氏族の姓は「作鏡連《かがみつくりのむらじ》」（天武十二〈六八三〉年十月に「造《みやつこ》」から「連」を賜姓されている）を例外として、すべて天武十三（六八四）年の〈八色《やくさ》の姓《かばね》〉制定以前の旧姓で記されている。（阿部武彦『日本古代の氏族と祭祀』）

7　養老《ようろう》四（七二〇）年成立の『日本書紀』ではすでに失われているモの音節に二種類の区別が残存するなど、八世紀初頭（以前）の音韻体系に基づいて記述されている。（池上禎造「古事記に於ける仮名『毛・母』に就いて」、有坂秀世「古事記に於けるモの仮名について」）

偽書説の核心を求めて

それにもかかわらず、なお一部に偽書説がくすぶりつづけているのもまた事実であって、そこには議論のすれ違いを許し、本質を曖昧なものにする根本的な理由があるように思われる。その根っこの部分を確認しない限り、『古事記』の成立をめぐる議論は、永遠に噛み合わないまま平行線を辿りつづけることになる。

われわれの目的は『古事記』の描く歴史の構想を通じてその歴史意識を解読するところにあるが、分析対象そのものに疑惑の目が向けられているのだから、疑惑の所在を確かめることもまた不可欠な予備的作業となろう。少々遠回りをするようではあるが、その作業過程で成立事情や作品理解の手がかりとなるさまざまな情報に触れてゆくことになるはずである。まずは偽書説の検討を通じて、その本質を見極めることから始めよう。

なお、本書にはしばしば内部徴証・外部徴証ということばが用いられるが、前者は作品内部に見いだされる証拠、後者は外部の資料から得られる証拠といった程度に理解してもらえれば十分である。

偽書説とは何か

偽書説の歴史

先に偽書説の歴史の長さは必ずしも疑惑の深さを意味しないと述べたが、その意味をもう少し具体的に確かめておこう。

『先代旧事本紀』と『古事記』

天地開闢《かいびやく》から推古《すいこ》二十九年の厩戸《うまやど》王（聖徳太子《しようとくたいし》）の薨去《こうきよ》までの歴史を記す『先代旧事本紀《せんだいくじほんぎ》』は、『日本書紀』推古二十八年是歳条に見える天皇記・国記《こっき》などの撰録に仮託して蘇我馬子《そがのうまこ》撰修を装う平安朝初期の偽書として知られるが、すでに十七世紀後半には今井桐軒《どうけん》『三部本書弁』が後世の記事が含まれるとして疑義を呈し、ほぼ同時期に徳川光圀《みつくに》も淡海三船《おうみのみふね》の撰とされる漢風諡号《かんふうしごう》の使用が認められること、『日本書紀』の文章が剽窃《ひようせつ》されていること、馬子没後の記事があることなどの内部徴証を挙げて、大半が後人の付会であることを論破していた（義公考訂本『先代旧事本紀』序）。

その後、霊亀《れいき》・和銅《わどう》・弘仁《こうにん》などの元号が用いられていること、『古事記』『日本書紀』『古語拾遺《こごしゅうい》』などの文を合成して本文が作られていること、弘仁十四（八二三）年の加賀《かが》国設置の記事が見えることなど、推古朝成立に抵触する決定的な証拠がつぎつぎと追加され、明治期を待たずに偽書問題は完全に決着を見ている。

『古事記』の場合、偽書説が活発化するのはむしろ大正期末以降であり、研究史の展開に大きな相違があるのである。注意すべきは、偽書が疑われたのはひとり『先代旧事本紀』のみではなく、『古事記』もまた同時期に同じ嫌疑にさらされてきたことである。諸種の内部徴証を突きつけて『先代旧事本紀』が偽書であることを暴《あば》き出したその同じ目で、『古事記』もまた厳しく検証されてきたのであって、研究史の怠慢が『古事記』の偽書問題の決着を遅らせてきたわけではない。

近代偽書説の始動

ところで、『古事記』偽書説が大正期末以降に活発化するという事実は、別の意味で重要な意味を帯びているように思われる。この時期の記紀研究は、明治以降の近代国家形成過程で進められた国家アイデンティティー創出のために、『古事記』『日本書紀』『万葉集』などの古典が政治的に利用された不幸な歴史と平行して進められていたからである。中沢論に先行して、津田左右吉《そうきち》は大正二（一九一三）年に『神代史の新しい研究』、同八年には『古事記及び日本書紀の新研究』を刊行して、すでに記紀の批判的研究を展開していたが、第二次世界大戦後の『日本古典の研究』に結実する一連の記紀研究に、こうした動向に対する学問的反発ないし反省を読み取ることはある程度許されよう。こうした政治的動向に同調するにせよ、反発するにせよ、研究環境は確実にその影響から自由ではあり得なかったのである。

大正期末に突如として現れる中沢の偽書説は、時代的に江戸期のそれと隔絶しているばかりでなく、内容的にも江戸の研究を直接的には承《う》けておらず、偽書説史の脈絡が極めて見えにくい。安藤正次『記・紀・万葉集論考』が正しく見抜いていたように、江戸の偽書説は『古事記』『日本書紀』『先代旧事本紀』の三書の関係を前提として出来《しゅったい》し、展開したものであったのに対し、『先代旧事本紀』の偽書がすでに確定し、三書の枠組みが崩壊した近代においては、『先代旧事本紀』を擁護するために『古事記』を疑うといった動機はもはや失われているからである。

あくまでも仮説であるが、中沢論の動機面に古典の政治的利用に対する学問的な反発や反省を想定してみるとき、新たな偽書説の展開がこの時期にあったことの意味は多少とも見えやすくなる。津田の研究が記紀の内容面の批判に向けられたのに対し、中沢の偽書論はストレートに『古事記』本体の否定に向かったものといえよう。
ただし、そうした研究史の事情と『古事記』成立の問題とは、本来まったく無縁のことがらであることを、念のために確認しておこう。

承平六年『私記』と弘仁四年『私記』

話題を再び『先代旧事本紀』に戻したい。同書は承平の日本紀講読を記録した承平《じょうへい》六（九三六）年『私記（日本紀私記丁本）』（矢田部公《やたべのきん》望《もち》撰）に忽然《こつぜん》とその名が現れ、『古事記』を「本朝の史」の始めとする先師（藤原春海《はるみ》）の説を押しのけて「本朝《ほんちょう》史書の始め」の地位を得ていることから、藤原春海が講師を務めた延喜《えんぎ》の日本紀講読以降、承平の講読の間に偽作されたものと考えるのが自然である。

これになぞらえて、弘仁三（八一二）年の日本紀講読記録である弘仁四年『私記（日本紀私記甲本）』（多人長《おおのひとなが》撰）序文（これにも偽書説がある）にその名が登場する『古事記』は、九世紀初めに偽作されたとするのが多くの偽書説の基本的なアイデアである。

平安朝初期の偽作の典型は『先代旧事本紀』に見ることができるが、江戸時代に偽書であることが論破されるまでの間、「本朝史書の始め」として長く尊重されてきたように、

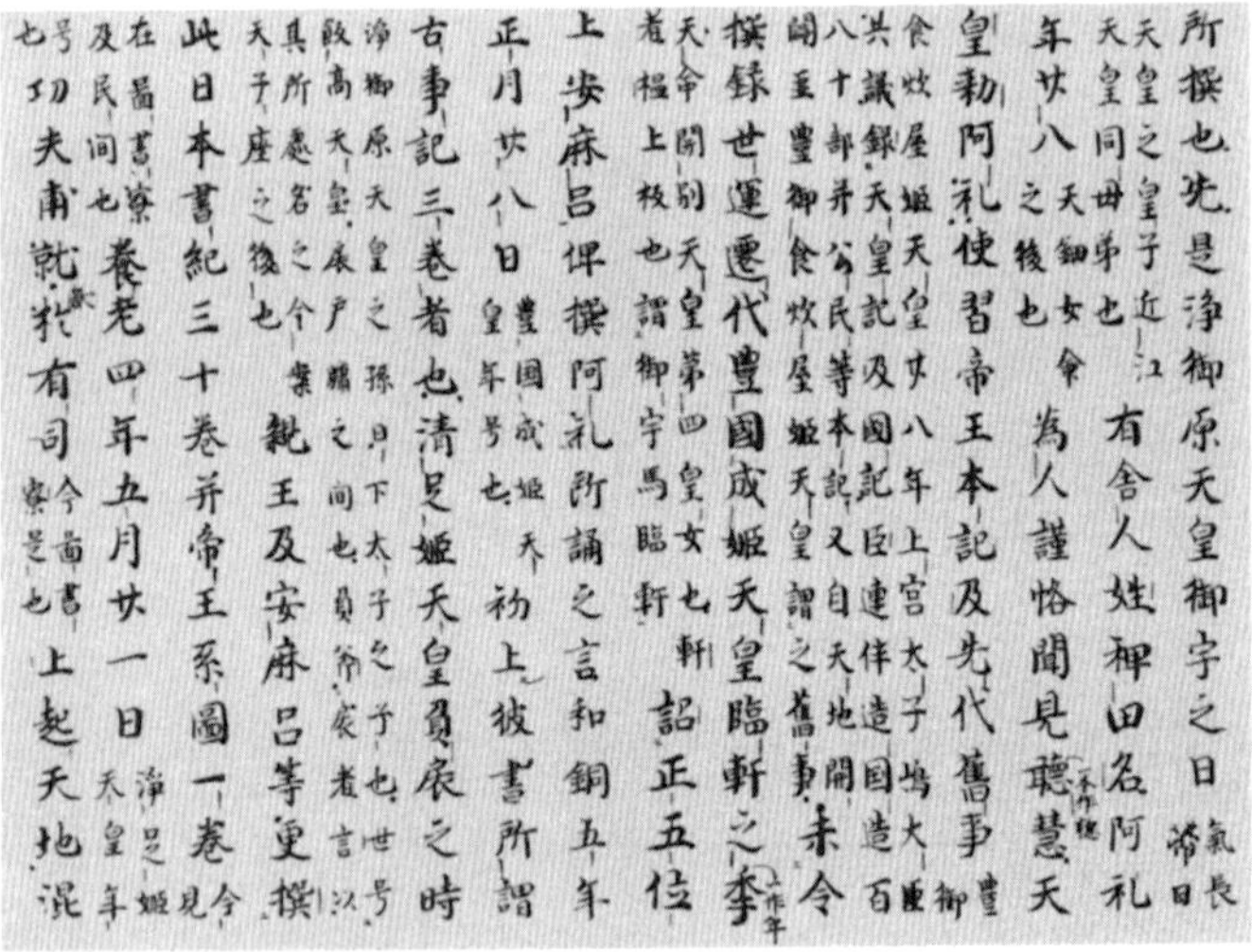
所撰也先是淨御原天皇御宇之日有舍人姓稗田名阿礼年廿八為人謹恪聞見聰慧天皇勅阿礼使習帝王本記及先代舊事未令撰録世運遷代豊國成姫天皇臨軒之季詔正五位上安麻呂俾撰阿礼所誦之言和銅五年正月廿八日初上彼書所謂古事記三巻者也清足姫天皇負扆之時親王及安麻呂等更撰此日本書紀三十巻并帝王系圖一巻養老四年五月廿一日功夫甫就献於有司上起天地混

図3　弘仁4年『私記』（水府明徳会彰考館文庫所蔵）序文
『古事記』成立の経緯が見える.

当時の学問的水準から見て、同書の偽作が特に稚拙であったというわけではない。仮に『古事記』が弘仁初期の偽作であるとすれば、『先代旧事本紀』と同様、その痕跡が随所に認められてよいはずだが、そうした明証は研究史を通じていまだ示されてはいないのである。偽書の証明が成功を収めていない理由はまさにそこにある。

偽書説の立脚点とその内実

では、『古事記』偽書説は何を問題としてきたのだろうか。

これまでに提示されてきた問題点を示せば、おおよそ表1のごとくである。問題とされてきた点は、序文九項（一

表1　偽書説の示す問題点

Ⅰ序文の作者・様式について
1序文の文章は和銅当時の述作としては上手すぎる（A）
2太安万侶の署名は奈良朝当時の規定に反している（D）
3勅撰でありながら無官の太安万侶一人によって編纂されている（D）
4序文と上表文とが混同されており、奈良時代の序・表二本立制に反する（E）

Ⅱ序文の内容について
5a『日本書紀』に撰録の経緯に関する記録がない（A）
b『続日本紀』に撰録の経緯に関する記録がない（A）
6序文の内容と天武紀の内容とが一致しない（A）
7a稗田阿礼は他文献に見えず、二十八とされる年齢もいつの時点か不明である（C）
b稗田阿礼の「姓」の用法は不明瞭である（D）
8序文の壬申の乱の記述は『日本書紀』に基づいて書かれている（F）
9序文の示す歴史の概要と本文との間に齟齬がある（H）

Ⅲ本文の用字・表記について
10字音仮名が多用される様態は平安朝的である（C）
11整理統一された仮名字母の様態は奈良朝後期ないし平安朝的である（C／F）
12地名表記が平安朝的である（C）

Ⅳ本文の内容について
13『古事記』の内容は『日本書紀』に一致するものが少なく、独自の伝承が多い（C）
14上巻で伊耶那岐《いざなきの》神が鎮座した「淡海《あふみ》の多賀《たが》」社は、延喜以前の文献に見えない（C）

15上巻の大年神《おおとしのかみ》系譜には平安朝以降有力化する神が含まれる（C）
V外部徴証
16『日本書紀』は『古事記』を参考にした形跡がない（B）
17允恭記所載の軽太子関係歌が『日本書紀』に見えず、『万葉集』では作者を異にして収載されている（C）
18『新撰姓氏録』は『古事記』を参照していない（C）
19弘仁四年『私記』序文で『古事記』が称揚されている（C）

・各項の末尾に、研究史的に最初に言及した著書・論文を次の略号で示した。
A＝『古事記開題』所引「或説」　B＝沼田順義『級長戸風』
C＝中沢見明『古事記論』　D＝筏勲『上代日本文学論集』
E＝筏勲「古事記偽書説は根拠薄弱であるか」　F＝松本雅明「古事記の奈良朝後期成立について」
G＝西田長男『古代文学の周辺』　H＝三浦佑之『古事記のひみつ』
ただし、中沢見明「古事記は偽書か」の所説は後の『古事記論』に増補して吸収されていることから、後者をもって中沢の説とした。
・掲出は客観性・具体性の認められる内外の徴証に限定し、具体性を欠く言説、間接的な徴証は原則として省略した。

一件）、用字・表記三項（三件）、本文の内容三項（三件）、それ以外の外部徴証四項（四件）で、半数が序文に向けられたものであること、そして何よりも本文の内容に向けられた疑義がわずかに三項（三件）にすぎないことが目を引く。16・17はそれぞれ内容に触れるところがあるが、実際には内容の比較を通じて『日本書紀』『万葉集』の成立時に『古事記』が成立していなかったことを説くもので、その実質は外部から見た『古事記』の不在証明の試みである。

こうした問題の分布情況は、偽書説の本質をかなり正確に照らし出している。偽書説とは、要するに『古事記』本文に内在する疑問に起因するものなのではなく、序文に関する疑義を基点として、そのうえに築かれていった仮説群なのである。以下に見るように、Ⅲ・Ⅳ・Ⅴ各項のすべてが脆弱《ぜいじゃく》で皮相的《ひそうてき》なのは、こうした事情を端的に反映している。

問題を明確にするために、まず序文以外の一〇項（一〇件）の検討から始めよう。

『古事記』の用字・表記――偽書説を読む（その一）

10から順に検討してゆこう。中沢見明『古事記論』は『日本書紀』よりも『古事記』に音仮名表記箇所が多く見いだされることに着目し、その理由を『古事記』が作られた平安朝初期には、『日本書紀』編纂当時「一般に知られてゐた語句の読み方」がすでに「忘れられかけて居たがため」と考えた。

音仮名表記の意味

しかし、中沢論では『日本書紀』（漢文）と『古事記』（和文）の記述方針の相違が根底から無視されているため、この比較にはほとんど意味がない。漢文つまり古代漢語文で記述することを基本方針とする『日本書紀』にあっては、固有名詞・訓注・歌謡などの特殊な場合を除けば、そもそも和語の生《なま》の語形を表す必要がないからである。

また、藤原宮出土木簡《もっかん》と平城《へいじょう》京出土木簡の物品名の比較からは、むしろ古い時代に音仮名表記の例が多く、字訓の定着に伴って正訓字《せいくんじ》表記（漢字本来の意味をそのまま利用して和語を表わす表記法）が増加することも明らかにされており、後代ほど音仮名表記が増加するという表記史的な見通しにも誤りがあるのである。

『古事記』における音仮名表記は、固有名詞や擬声語（たとえば「塩許袁呂許袁呂爾《しほこをろこをろに》」〈上・国生み〉）などのように、正訓字で表意的に表すことが困難な場合や（中田祝夫《なかだのりお》『日本の漢字』）、あるいは「畝火山之美富登《うねびやまのみほと》」（中・安寧《あんねい》記）のように文字列の条件によって正訓字で書くと誤読のおそれがある場合（ミホト〈ホトは山あいのくぼみを比喩したもの〉は正訓字で「御陰」と書くことも可能だが、ここは先行する「畝火山」の「御陰《みかげ》」と誤読される可能性がある）などに用いられており、正しい理解を導くための『古事記』の方法の一つなのである（矢嶋泉「『古事記』音読注・訓注の施注原理」、山口佳紀『古事記の表記と訓読』）。中沢の見通しは、『古事記』の表記法に対する無理解のうえに成り立つものといわねばならない。

訓注の機能

また、『古事記』には漢字の和訓を示す訓注にも音仮名が用いられているが、そもそも訓注の機能は古伝承の訓を示すために付されたものなどではなく、やはり誤読の恐れのある文字列について正しい解読を導くために施されたものである（小松英雄『国語史学基礎論』、矢嶋前掲論、山口前掲書）。

たとえば「金山毘古神《かなやまびこのかみ》〈「金」を訓みて「加那《かな》」と云ふ。〉」（上・神生《かみう》み）、「鳥鳴海神〈「鳴」を訓みて「那留《なる》」と云ふ。〉」（上・大国主《おおくにぬし》神の神裔）の場合を見てみよう。現代語でも金物《かなもの》や鳴《なる》子《こ》などの語があるように、カナ・ナルの訓は古語でも難訓でもない。施注の理由は明瞭で、「金山毘古神」の場合、カネともカナとも訓み得る「金」を、カナという他の語と熟合した語形で訓むべきことを示すことで、「金《かね》＋山毘古神《やまびこのかみ》」という語構成ではなく「金山《かなやま》＋毘《び》古神《このかみ》」（鉱山の男性神の意）という解読を誘導するのである（小松前掲書）。「あしひきの山《やま》彦《びこ》とよめ」（『万葉集』巻九・一七六二）などの例によって明らかなように、山間地などでの反響現象をいう「山びこ」の語は奈良時代には存在しており、「金山毘古神」という文字列からは「金山《かなやま》」という耳慣れない語に優先して「山毘古神《やまびこのかみ》」という単位が切り取られて解釈される可能性は高いのである。「鳥鳴海神」の場合も同様である。この文字列では「鳥が鳴く」という連想から「鳥鳴＋海神」という語構成に解される可能性が高い。「鳴」に付されたナルの訓注は、「鳴海《なるみ》」という単位を優先させて「鳥＋鳴海《なるみ》神」という語構成として理解すべきことを示しているのである（小松同上書）。

ここで確認しておくべきは、こうした注記のありようが『古事記』序文に記された次の施注方針に一致することである。

是《ここ》を以《もち》て、今、或《ある》は一句の中《うち》に音訓を交《まじ》へ用ゐ、或は一事の内に、全《また》く訓を以て録《しる》しつ。即《すなは》ち、辞理《じり》の見え叵《がた》きは注を以て明らかにし、意況《いきやう》の解《さと》り易《やす》きは更に注せず。

本居宣長《もとおりのりなが》『古事記伝』以来、訓注や音仮名表記は「古《(いにし)へ》の語言《コトバ》を失《ウシナ》はぬ」ために採用された手法と長く信じられてきたが、漢字の音と訓とを交用しながら和語の歴史を記述してゆくに際して、「辞理」（文脈）の捉えにくい場合には注を施し、「意況」（意味の情況）が理解しやすい場合には特に注を付さないという、太安万侶《おおのやすまろ》の述べる筆録方針に即したものなのである（矢嶋前掲論）。

仮名字母の整理・統一

11は仮名字母の字種をめぐって『古事記』の新しさを説くものだが、中沢論と松本雅明「古事記の奈良朝後期成立について」との間で結論に差がある。

中沢は『日本書紀』『万葉集』および平安後期資料の仮名字母の種類との比較を通じて、『古事記』（一六〇種未満）は『日本書紀』（四六〇種余）『万葉集』（四〇〇種余）よりも平安後期資料（一三〇種余）に近いとし、その成立を平安朝に位置づける。しかし、この比較は極めて恣意《しい》的なもので、意図的に個々の作品の編纂の様態が無視されている。複数編者により分担して編纂されたことが明らかな『日本書紀』や、持統《じとう》朝ころから桓武《かんむ》・平城《へいぜい》朝ころにわたって数次の編纂過程を経て現在の形に成長を遂げた『万葉集』の仮名字母の種類が多様であるのは当然すぎるほど当然で、最終的に太安万侶によって統一が図られた『古事記』との比較にはほとんど意味がない。まして平安朝後期の例として挙げられた数は『日本後紀』『続日本後紀《しょくにほんこうき》』『文徳実録《もんとくじつろく》』『延喜式《えんぎしき》』『新撰万葉集』『倭名類聚鈔《わみょうるいじゅしょう》』などの総計であって、比較自体に有意性がない。

これに対し、松本論は奈良から平安朝初期にかけての資料全般を調査し、それらの仮名字母との共通性・相違性などの視座も加えて綿密な比較調査を行なった。その結果、時代が下るにしたがって仮名字母の数が漸減《ぜんげん》し、統一に向かうという通史的な傾向を確認し、『古事記』は『日本書紀』よりも整理・統一されているとして、奈良朝後期の成立と結論づけている。松本論では『日本書紀』の編纂形態も一応考慮されてはいるものの、新旧に着目した三層に区分されるのみで、結局、通史的な表記史の枠組みに取り込まれてしまう結果となっている。中沢論の抱える問題は、松本論でも解消されていないのである。

『古事記』の仮名字母が整理・統一されていることは事実だが、それは中沢や松本が考えたように時代の新しさを意味するわけではない。aつとめて仮名字母の複用を避ける（春日政治「仮名発達史序説」）、b一つの仮名字母を複数の音節を表すのに用いない（同前）、c清濁を区別する（同前）、d正訓字と音仮名とが誤認されないような配慮が加えられている（尾崎知光《さとあきら》『古事記考説』）、e字体によって正訓字と音仮名とを書き分ける（西宮一民『古事記の研究』）などの『古事記』の仮名字母体系に認められる特徴は、漢字本来の表意的利用を基本とする文字列の中に、例外的に漢字の意味を捨象した音仮名を混在させる方法によって和語による歴史を記述しようとする『古事記』が、自ずから抱え込まざるを得なかった課題の克服手段なのであって、表記史一般の次元とは異なるのである。

たとえば、アの音節を表す音仮名の代表的な字母には「安」「阿」の二字があり、古代文献ではいずれもありふれたものである。ところが、『古事記』では「安」はまったく音仮名としては使用されず、「国も亦安《またやす》らけく平《たひ》らけくあらむ」（中・崇神）、「呉人《くれひと》を呉原《くれはら》に安置《お》きき」（下・雄略）や「天安河《あめのやすのかは》」（上・うけひ）などのように、正訓字《せいくんじ》ないし借訓字《しやつくんじ》（漢字に対応する訓を本来の意味を捨てて、和語の音節を表すのに用いられた文字）としてのみ用いられている（「天安河」の「安」は借訓字と見られるが、安らかな河の意味を含む可能性もある。その場合は正訓字の用法に重なる）。「安」が音仮名として用いられない理由は、本文に頻繁に現れる正訓字・借訓字としての「安」との混乱を避けたためである。ちなみに音仮名専用字として選ばれた「阿」は、本文中に正訓字・借訓字として用いられた例はない。伊耶那岐《いざなき》・伊耶那美《いざなみ》のザに「邪」の異体字「耶」が用いられているのも、本文における正訓字「邪（きたなし）」との抵触を避けた措置なのである（前掲西宮書）。

漢字を用いて和語を表すのは単語レベルであればそれほど難しいことではないが、それらをつないで文そして文章を書くとなると、ハードルはいきなり高くなる。正訓字による表記が困難な神名・人名が頻繁に現れる『古事記』にあっては音仮名の使用は不可欠だが、その場合、その文字が表意機能を負っているのか（正訓字）、それとも表音機能を負っているのか（音仮名）の識別は非常に重要な意味をもつことになる。そのために『古事記』では二つの方法が採用されている。一つは「久羅下那州多陀用弊流《くらげなすただよへる》時に〈「流」字以上の十字は、音を以《もち》ゐよ。〉」（上・天地初発）のように、音を用いて訓むことを指示する注記を付すことで（三〇〇例余ある）、そしてもう一つが仮名の整理・統一なのである。

こうした配慮が、序文にいう「或は一句の中に音訓を交《まじ》へ用ゐ、或は一事の内に、全く訓を以て録《しる》しつ。即《すなは》ち、辞理の見え叵《がた》きは注を以て明らかにし、意況の解《さと》り易《やす》きは更に注せず」という筆録方針に呼応するものであることを、ここでも確認しておこう。

地名の表記

12も中沢論によるもので、『古事記』に見える「无耶志《むざし》」「針間《はりま》」などの旧国名表記が『日本書紀』と異なること（「武蔵《むさし》」「播磨《はりま》」などと表記される）、平安朝初期資料にも『古事記』と同じ国名表記例が認められることを指摘して、国名表記の位相を平安朝初期に位置づけるのだが、この指摘が事実に反することは近年大量に出土する七世紀後半から八世紀初頭にかけての木簡資料が端的に示している。直木孝次郎『飛

図4　国名表記の見える木簡
右＝藤原宮跡出土木簡「无耶志国薬桔梗卅斤」、左＝平城京跡出土木簡「武蔵国男衾郡余戸里大贄鼓一斗天平十八年十一月」（ともに奈良文化財研究所保管）

鳥奈良時代の研究』、田中卓《たかし》「古事記における国名とその表記」が指摘するように、『古事記』の国名表記はほぼ浄御原令《きよみはらりよう》制下の用字に一致し、旧用字の残存期間を考慮しても和銅《わどう》五（七一二）年の成立と見て矛盾しないことが田中論によって確かめられている。

以上を要するに、用字・表記に関する限り偽書説の主張はいっさい根拠とならないのである。

外から見た『古事記』——偽書説を読む（その二）

他文献から見た『古事記』

次に本文の記述内容に関する疑惑の検討に移ろう。本文の内容をめぐる問題は、江戸時代の研究史をやすやすと通過したことからも明らかなように、和銅《わどう》五年の成立を覆すに足る徴証は見当たらない。中沢論の挙げる13（『古事記』独自の伝承が多いこと）は『日本書紀』との比較を通じて『古事記』独自の所伝を洗い出し、そこに認められる平安朝的要素を炙《あぶ》り出そうとするもので、それ自体は偽書説を支える根拠としての意味はない。各論ともいうべき14 15と組み合わせてはじめて意味をもつ。しかも、その平安朝的要素は他文献との比較を通じてしか示し得ないので、結局のところ、本文に関する疑問とは他文献から見た『古事記』の問題点ということになる。その点で、Ｖの外部徴証と本質的な差はないのである。

さて、中沢は伊耶那岐《いざなき》鎮座の地「淡海《あふみ》の多賀《たが》」社（14）や大年神《おおとしのかみ》系譜で大山咋神《おおやまくいのかみ》の鎮座地とされる「近淡海《ちかつあふみ》の日枝《ひえ》」社（15）が平安朝以前の文献に見えないこと、また天平《てんぴょう》三（七三一）年にはじめて朝廷における祭祀《さいし》が確認される竈神《かまどがみ》が大年神系譜に見えること（15）などを根拠として、『古事記』は奈良朝には成立していなかったと主張する。しかし、文献に見えないことが直ちに右の神社や祭祀が同時代に存在しなかったことを意味するわけではない。ともに近江《おうみ》（淡海）にある多賀社や日枝社が、大和に都が置かれた時代の文献に見えず、長岡京《ながおかきょう》遷都以降の文献に確認されるようになるのは、皇都との地理的関係からいってむしろ自然だからである。しかも、多賀社については『新抄格勅符《しんしょうきゃくちょくふ》』によって天平神護《てんぴょうじんご》二（七六六）年の時点で確認されることが指摘されており（前掲安藤書）、偽書説の根拠としての14の意義はすでに消滅している。

また、中沢は『続日本紀《しょくにほんぎ》』天平三年正月乙亥条の「庭火御竈《にはひのみかま》の四時《しじ》の祭祀、永く常の例《ためし》とせむ」という神祇官奏に着目して、これを朝廷における竈神祭祀の起源と捉え、「奥《おく》津日子神《つひこのかみ》。奥津比売命《おくつひめのみこと》、亦名《またのな》は大戸比売神《おほとひめのかみ》。此《こ》は諸人《もろひと》の以《も》ち拝《をろが》む竈《かま》の神《かみ》ぞ」（上・大年神の系譜）という記述を含む大年神系譜の成立は天平三年以降でなければならないと説くが、

『続日本紀』の記事が朝廷における神祇官の関わる祭祀であるのに対し、『古事記』の方は〈国土の起源〉を説く上巻の文脈中にあって、「諸人《もろひと》の以《も》ち拝《をろが》む」とあるように一般諸衆の「竈《かま》の神《かみ》」の起源をいうものである。両者が同一の神である必然性はほとんどないといってよい。

なお、大年神系譜をめぐっては、折口信夫《おりくちしのぶ》『日本文学史ノートI』および西田長男《ながお》「曾《そ》富理神《ほりのかみ》」が、同系譜中に見える曾富理神を平安京の守護神と捉え、折口は同系譜の平安遷都後の攙入《ざんにゅう》説を、西田は『古事記』の平安遷都後成立説を唱えたことは広く知られるところである。しかし、それは中沢の偽書説を前提としての推論であって、用字・表記・内容について指摘されてきた疑義が基本的に偽書説を支える根拠とならないことを確認してきた現時点では、仮説としての脆弱《ぜいじゃく》さは否めまい。平安京誘致以前の秦《はた》氏が祭る地方神を含む資料に基づく記述と見て特に問題はない。

『日本書紀』から見た『古事記』

つづいて外部徴証（V）の検討に移りたい。16は沼田順義《ゆきよし》『級長戸《しなと》風《かぜ》』、17・18・19は中沢論が指摘した問題である。いずれも『古事記』以外の文献との比較を通じて、その書籍成立時に『古事記』が存在しなかったことを説くもので、論旨には差違はない。

16は、『日本書紀』神代巻の一書中には『古事記』に似たものは極めて稀だとして、舎《と》人《ね》親《り》王が「古事記を見そなはし給はぬ」証左とし、それに基づいて『日本書紀』成立時における『古事記』の不在をいうものである。しかし、共時的な現場不在証明《アリバイ》であれば同時刻に別の空間に存在したことを示せば証明は成立するが、存在自体を否定するには一定の時空における不在を示すだけでは意味がない。同時刻に別の空間に存在している可能性を否定できないからである。仮に舎人親王が『古事記』を見ていなかったとしても、それだけでは『古事記』不在の証明にはならないし、まして見なかったという判断は記紀の引用関係に基づく推論にすぎないから、たとえば『日本書紀』編纂に際して『古事記』が参考にされなかった事情などが示されれば、その時点で推論全体が意味を失うことになる。

沼田順義が問題とした『古事記』上巻と『日本書紀』神代巻との関係については、すでに北川和秀「古事記上巻と日本書紀神代巻との関係」によって詳細な検討が加えられており、『日本書紀』が当時存在した二系の異伝群を広く集め、その中から適当と思われる所伝を正文に、それ以外を一書に振り分けて成立したのに対し、『古事記』は皇室に伝わる一系の所伝を底本として、それに異伝類を追加して成立したものであることが確かめられている。両書間に見られる差違はそれぞれの歴史意識に基づく資料操作によって生じたもので、直接的な引用関係が認められないからといって、まったく無関係に成立したわけではない。順義は「百《モヽ》が一つ古事記に似たる事ありといふとも、そは古事記のもとづきし古記なりかし」とも述べているが、皮肉にもこの推定が実態にもっとも近かったことになる。

17は、『日本書紀』および『万葉集』との関係を問題とするが、前半の『日本書紀』との関係についてはもはや取り上げる必要はないと思われるので、『万葉集』との関係について見てゆこう。

『万葉集』から見た『古事記』

①君が行《ゆ》き日《け》長くなりぬ山たづの迎へを行かむ待つには待たじ〈此の「山たづ」と云《い》ふは、
今の造木《みやつこぎ》ぞ。〉　〔下・允恭〕

②君が行き日《け》長くなりぬ山尋ね迎へか行かむ待つにか待たむ　〔『万葉集』巻二・八五〕

③隠《こも》りくの泊瀬《はつせ》の河の　上《かみ》つ瀬《せ》に斎杭《いくひ》を打《う》ち　下《しも》つ瀬に真杭《まくひ》を打ち　斎杭には鏡を懸け
真杭には真玉を懸け　真玉なす吾《あ》が思《も》ふ妹《いも》　鏡なす吾《あ》が思《も》ふ妻　有りと言はばこそよ
家にも行《ゆ》かめ　国をも偲《しの》はめ　〔下・允恭〕

④隠《こも》りくの泊瀬《はつせ》の河の　上《かみ》つ瀬《せ》に斎杭《いくひ》を打《う》ち　下《しも》つ瀬に真杭《まくひ》を打《う》ち　斎杭《いくひ》には鏡を懸け
真杭には真玉を懸け　真玉なす吾《あ》が思《おも》ふ妹《いも》も　鏡なす吾《あ》が思《おも》ふ妹も　有りと言はばこ
そ　国にも　家にも行《ゆ》かめ　誰《た》が故《ゆゑ》か行かむ　〔『万葉集』巻十三・三二六三〕

中沢は、『古事記』下巻允恭《いんぎょう》記に見える木梨之軽《きなしのかるの》太子と衣通王《そとおりのみこ》（軽大郎女《かるのおおいらつめ》）の近親相姦の物語の中で、伊余湯《いよのゆ》に流された兄を思慕して衣通王が歌ったとされる①、および兄を追ってきた衣通王を待ち迎えて軽太子が歌ったとされる③が、『万葉集』ではそれぞれ磐姫《いわのひめの》皇后《おおきさき》の歌②、作者未詳歌④として収載されているとしたうえで、『万葉集』の編者が『古事記』を見ていたならば作者名をとり違えて載せるはずはないとして、『万葉集』成立時（中沢は奈良朝末期と推定する）における『古事記』の不在を主張する。

　こうした論法が不在証明としての有効性をもたないことはすでに述べたとおりだが、17の場合、さらに論の前提に誤りが二つある。一つは『万葉集』の異伝処理に関する誤認と、もう一つは歌の同認、すなわち同一の歌か否かの判断をめぐる誤認である。

　まず、巻二に即して前者から確かめておこう。入手した資料間に作者や作歌事情などの相違が認められる場合、巻二では「右、或本《あるふみ》に曰《い》はく、『河島皇子《かはしまのみこ》を越智野《をちの》に葬《はぶ》る時に、泊瀬部皇女《はつせべのひめみこ》に献る歌なり』といふ」（一九五左注）のように注記を付して異同を示すのを基本とする。編纂上の処理に問題がある場合にも「右の一首の歌は、作者詳《つばひ》らかならず。但《ただ》し、古本この歌を以てこの次《つぎて》に載す」（二二七左注）のように問題点を明記するのを常とする。要するに、原資料の形態は基本的に尊重されているのであり、編者の判断で作者名の変更が行なわれることはまずあり得ないのである。

より深刻なのは歌の同認をめぐる問題である。中沢は①と②、③と④はそれぞれ同じ歌とするが、①の第三句以下は「(山たづの葉が向かい合うように)迎《むか》えに行きましょう、もう待ってはいられません」の意で、四・五句はそれぞれ意志の助動詞ム、打ち消しの意志の助動詞ジによって迎えに出る意志が強く示されているのに対し、②の第三句以下は「山を尋ねて迎えに行きましょうか、それともこのままお待ちしていましょうか」と、たゆたう心のうちを表出したもので、四・五句とも疑問を表す係助詞カによって、「行かム」という意志も「待たム」という意志も、ともに未決のままに放置されているのである。

①は禁忌《きんき》を犯して兄のもとにはしる衣通王《そとおりのみこ》の心情を表す歌、②は仁徳《にんとく》の行幸からの帰りを待つ磐姫皇后《いわのひめのおおきさき》の歌であって、詠歌主体・内容とも異なる歌なのである。③④も同様で、③は「妹《いも》」でありながら「吾《あ》が思《も》ふ妻」がいるからこそ故郷の家も国も偲《しの》ぼうという近親相姦物語に即した歌句であるのに対し、④は家郷の「妹《いも》」に失恋した歌にすぎない。

①と②、③と④のように、歌句の類同する例は実はそれほど珍しいことではない。

咲けりとも知らずしあらば黙《もだ》もあらむこの秋萩を見せつつもとな

〔『万葉集』巻十・二二九三（作者未詳歌）〕

咲けりとも知らずしあらば黙《もだ》もあらむこの山吹を見せつつもとな
三月五日に、大伴宿禰家持《おおとものすくねやかもち》病に臥《ふ》して作る。〔同巻十七・三九七六〕

右の二歌のように、歌句の一部を変換しただけで作者が異なる例は『万葉集』中に数多く見いだすことができる。その理由は、古代の歌の世界における作歌という行為が、近代的な意味での創作とは完全には重ならない広がりをもつためである。後世になっても〈本歌取り〉などといった技法が存在するように、和歌の世界では近代的な意味での作者といった概念は古く存在せず、場や情況に応じて詠作主体を換え、歌句を改変しつつ、再生産を繰り返してきた長い歴史と伝統があるのである。

①②③④はこうした歌の生態を前提として、物語や伝説上の詠作主体に適用されたものであり、背景とする物語や伝説が異なれば詠作主体が異なるのは当然なのである。『万葉集』の編者が『古事記』を見ていなかったとする主張は認めがたいのである。

『万葉集』に引用された『古事記』

以上、17をめぐって検討を加えてきたが、『古事記』の成立問題にとって、むしろ重要なのは②を含む磐姫皇后歌群の後に允恭記の一部が歌謡とともに引用されていることである。『万葉集』成立時における『古事記』の不在どころか、存在証明にほかならないからである。しかも、『古事記』からの引用は、④の左注にも見いだされるのである。まず、それぞれを引用してみよう。

a　古事記に曰《い》はく、軽《かるの》太子、軽太郎女《かるのおほいらつめ》に姦《たは》く。故《かれ》、其の太子を伊予湯《いよのゆ》に流しき。此の時に、衣通王《そとほりのみこ》恋ひ慕《しの》ふに堪へずして、追ひ往《ゆ》きし時に、歌ひて曰《い》はく、

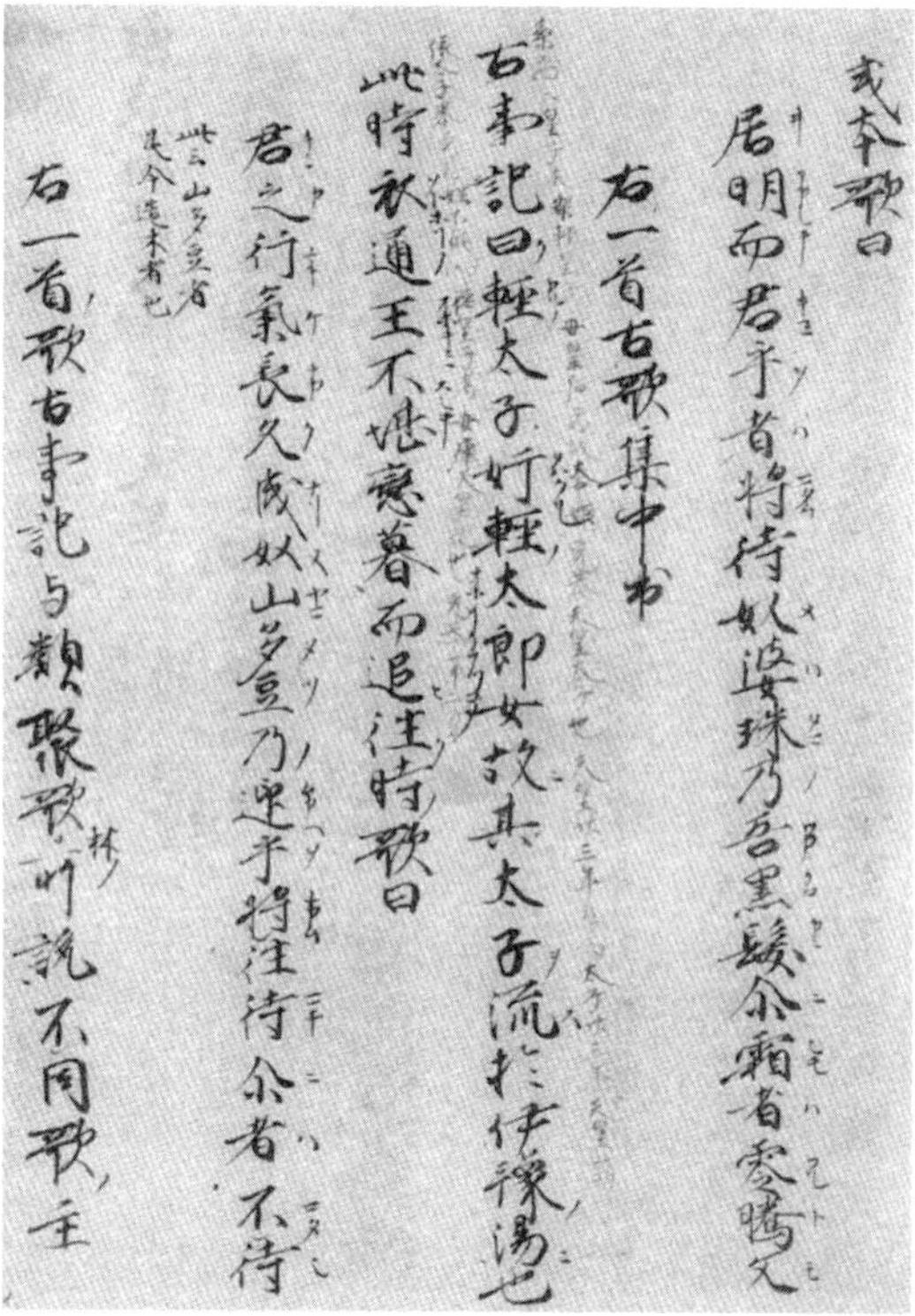
或本歌曰
居明而君乎者将待奴婆珠乃吾黒髪尓霜者零騰文
右一首古歌集中出
古事記曰軽太子奸軽太郎女故其太子流於伊豫湯也
此時衣通王不堪恋慕而追往時歌曰
君之行氣長久成奴山多豆乃迎乎将往待尓者不待
右一首歌古事記与類聚歌林所説不同歌主

図5　西本願寺本『万葉集』巻二（お茶の水図書館所蔵）磐姫歌群左注（一部）

君が行き《ゆ》日《け》長くなりぬ山たづの迎へを行かむ待つには待たじ〈此の山たづと云ふは、是今の造木ぞ。〉

〔『万葉集』巻二・八五〜九〇左注〕

b　古事記を撿《ただ》すに曰《い》はく、件《くだり》の歌は木梨《きなし》の軽太子、自《みづか》ら死にし時に作る歌なり、といふ。

〔『万葉集』巻十三・三二六三左注〕

ab の原文はそれぞれ次のとおりで、いずれも現行『古事記』の本文に基づいて要約・引用されたものと判断される（傍点部は『古事記』の用字に一致する）。

a　古事記曰、軽太子姦二軽太郎女一。故、其太子流二於伊予湯一也。此時、衣通王不レ堪二恋慕一而、追往時、歌曰、

君之行気長久成奴山多豆乃迎乎将往待爾者不待〈此云山多豆者、是今造木者也。〉

b　撿二古事記一曰、件歌者、木梨之軽太子、自死之時所レ作者也。

『万葉集』ではaの歌の表記が訓字主体になっているが、ここは『万葉集』巻二の表記様式にそって書き換えられたものと見てよい（尾崎知光『古事記考説』）。

aは磐姫皇后歌群の第一首（②）、bは巻十三・三二六三番歌（④）に対する歌句・作者・作歌情況などの異伝として注記されたもので、中沢の主張とは反対に『古事記』『万葉集』間に見られる作者や作歌情況の相違を編者は弁《わきま》えていたことになる。

ａｂが注として加えられた時期については、ａの後に「右の一首の歌は、古事記と類聚《るいじゅ》歌林《かりむ》と説《い》ふ所同じくあらず、歌主《うたふひと》も亦《また》異なり」という注記がつづき、『古事記』と『類聚歌林』との相違が問題とされている点が注目される。伊藤博《はく》『万葉集の成立と構造　下』は、巻一・二における注記の様態を精査して、『類聚歌林』の成立したと推定される山上《やまのうえ》憶良《おくら》の東宮侍講《とうぐうじこう》時代（養老《ようろう》五〈七二一〉年～神亀《じんき》元〈七二四〉年）以降、第一次本『続日本紀』が成立する淳仁《じゅんにん》朝（七五八～七六四年）以前に加えられたものと推定しているが、その期間は伊藤の推定する《十五巻本万葉》（巻一～巻十五に付録として巻十六の一部が加わった形態にほぼ相当する）の形成期（天平十七〈七四五〉年～天平勝宝《てんぴょうしょうほう》三〈七五一〉年）に重なり、巻十三にｂが付加された時期をも説明し得る点で説得力をもつ。

要するに、ａｂは伊藤のいう《十五巻本万葉》形成過程で施された注記と見るのが自然で、《十五巻本万葉》の編者の目を通じて『古事記』の存在が確認し得るのである。後述するように、宝亀《ほうき》三（七七二）年に成立した『歌経標式《かきょうひょうしき》』（藤原浜成《はまなり》著）の撰録にも『古事記』の歌謡は利用されているので、奈良朝中・後期に『古事記』が存在したことは否定すべくもない事実なのである。

『古事記』の平安朝成立を主張する偽書説にとってａｂは存亡に関わる致命的な問題と

いえるが、中沢『古事記論』、筏『上代日本文学論集』、松本「古事記の奈良朝後期成立について」はそれぞれ『万葉集』伝写間のある段階で加わった注記という仮説で応じ、さらに筏論は「原古事記といふ書」からの引用という仮説をも提示している。こうなると、ここから先は間違いなく生産的な議論が期待できないことが予測されるので、仮説の証明はそれぞれの発言者に委ねることとして、話題を本筋に戻したい。

われわれが確かめようとしているのはV（外部徴証）の各項の論理的な有効性だから、ここでは16・17の無効であることを確認するにとどめて先に進むことにしよう。

さて、18の『新撰姓《しんせんしょう》氏《じ》録《ろく》』との関係についてはすでに前掲倉野『古事記論攷』に批判があり、『新撰姓氏録』の「撰者は当時正史として一般に尊重されてゐた日本紀と続日本紀とによつて新進の本系を補正したのであつて、古事記が参考されなかつたのは、古事記を見なかつた為ではなく、古事記の価値を低く見た結果に他ならなかつた」と述べるところに尽きている。19の弘仁《こうにん》四年『私記』で『古事記』が称揚されている問題も、前掲安藤『記・紀・万葉集論考』が指摘するように、「日本書紀講読の上に古事記が重要な参考資料」とされたこと、また太安万侶の後裔《こうえい》である多人長《おおのひとなが》が弘仁時の講読の博士であったことによるという説明で十分であろう。

右に確かめてきたことをまとめれば、従来、偽書説によって問題とされてきた本文に関する疑問点、そして不在の証明とされてきた外部徴証のすべてが、驚くべきことに『古事記』の和銅五年成立を否定するに足る論理的な有効性を持ち得ていなかったということである。こうした兆候はすでに偽書説の提示する問題点の分布情況に明瞭に現れていたとはいえ、改めて有効でない論点を取り除いてみる時、その空疎さにはことばを失う。

思い出してみよう、最古の偽書説が序文に対する疑問を基点として成り立っていたことを、そしてその疑問は本文を素通りしていたことを。さまざまな夾雑物《きょうざつぶつ》を身にまとい、ここまで成長・肥大を遂げてきた偽書説の歴史とはいったい何だったのだろう。

『古事記』序文をめぐる諸問題——偽書説を読む（その二）

さて、序文をめぐる疑義の検討に移ろう。プロローグにも触れたように、漢文の作文能力を問題とする1は早く「或説」（『古事記開題』所引）が序文偽作の根拠として着目した点である。確かに序文は四字句・六字句を基調とし、対句を多用した華麗な漢文（駢儷体《べんれいたい》）で書かれているが（巻末資料参照）、それをもって「安麿《（ママ）》ガ文ニハアラジ」とするのは行きすぎた判断である。『懐風藻《かいふうそう》』序文は七世紀後半の天智《てんじ》朝における漢詩文隆盛の気運を次のように伝えており、奈良朝初期の官人の作文能力をそれほど低く見積もる必要は認められない。

作文能力と署名

旋《しばしば》文学の士《をのこ》を招き、時《よりより》に置醴《ちれい》の遊《あそび》を開きたまふ。此の際《きは》に当たりて、宸翰《しんかん》文を垂らし、賢臣頌《しょう》を献る。雕章麗筆《てうしやう》、唯に百篇のみに非ず。

むしろ、太安万侶の高い作文能力こそ撰録者抜擢の理由であったと見られるのである。

2は太安万侶の署名の不備を問題としたものである。筏勲『上代日本文学論集』は、安万侶の署名には官名が欠けていて、官位姓名のすべてを明記すべき令制下の署名法としては不完全であるとし、後世の偽作の根拠の一つとする。

しかし、西宮一民『日本上代の文章と表記』は、『古語拾遺《こごしゅうい》』序の「従五位下斎部宿禰《じゅごいのげいむべのすくね》広成《ひろなり》」や「従一位臣藤原朝臣某上表」(『本朝文粋《ほんちょうもんずい》』所引)などをあげて、令制下にあっても官名が記されていない例があり得ることを指摘し、さらに西宮『古事記の研究』では和銅五年当時安万侶が一時的に無官であった可能性を、『古事記』の執筆に専念させるための措置という視点から論じている。天平《てんぴょう》十六(七四四)年夏に内舎人《うどねり》を退任した後、同十八年三月に宮内少輔《くないのしょうゆう》になるまでの約一年半の間、大伴家持《おおとものやかもち》は無官であったことが知られているが、まさにその時期に《十五巻本万葉》の編纂に携わったと推定されている(伊藤博『万葉集の構造と成立　下』)。西宮の推定は蓋然性《がいぜん》が低いとはいえないのである。

2に関連して、筏は勅撰書の撰録者が無官であったとは「常識」では考えられないとして3を主張するが、筏のいう「常識」に対しては家持の例を挙げれば十分であろう。

序文と上表文

序文と上表文《じょうひょうぶん》の混同を問題とする4も、筏勲「古事記偽書説は根拠薄弱であるか」が取り上げた問題である。筏は古代の書籍を調査して、古くは序と表の二本立てが原則であったと推定したうえで、『古事記』の序文は「序」とはあるが実体は「上表文」で、序表二本立ての原則に抵触すること、安万侶が序と表とを混同するはずがないこと、上表形式をもつ序文は弘仁《こうにん》以降に確認されることを指摘して、改めて平安朝初期の偽作であることを主張した。筏はすでに前著『上代日本文学論集』で『古事記』序文の序表混同の問題を署名と関わらせる形で取り上げていたが、この論では序表二本立て制という新たな視座を加えて再論したものといえる。

これに対し、西宮『日本上代の文章と表記』は、序表二本立ての書籍とは別に『凌雲集《りょううんしゅう》』序や『日本後紀《にほんこうき》』序などのように表的な序の系列もあることを例示し、また倉野『古事記全註釈』も序的な表の例として『続日本紀《しょくにほんぎ》』の二つの表を、表的な序の例として『凌雲集』序を挙げて、ともに『古事記』序文が特殊でないことを指摘している。ただし、筏論は序と表の混同が生じるのは弘仁朝ころからとし、そのころの偽作と主張しているのだから、西宮・倉野の反論にもかかわらず、筏論はなお成り立つ余地が残されている。

ところで、西條勉『古事記の文字法』は『日本書紀』に序文がないことを示して序表の二本立ての原則を説く筏論を退け、他方、最も古い『古事記』の写本である真福寺本《しんぷくじぼん》に漢文としては誤った構文で「序弁」とあることに着目して、文字どおり「序」と捉える通説にも疑問を投げかけた。そのうえで、通常《発語～云爾》という型をとる序と、《臣某言～謙卑表現・年月日》という型をとる表との書式・機能両面の差違を考慮して、『古事記』序文は本来「上表文」であったと主張する。弘仁五（八一四）年の『凌雲集』序より前には序と表の混同がないことも根拠の一つとして指摘している。

さて、「序弁」という標記に対する疑問という新たな要素が加わり、本来の問題が見えにくくなりそうなので、4の可否についていったん結論を確認しておこう。筏の論は序表の二本立て制を前提としているので、『日本書紀』が序を伴っていないという西條の指摘は大きな意味をもつ。前提となる仮説が崩れると、そこから先の推論も有効性を失うからである。要するに、4もまた偽書であることを示す確実な根拠とはなし得ないのである。

序文か上表文か

ここで改めて『古事記』序文が序・表いずれであるのかについて考えてみたい。真福寺本に「序弁」とあることに着目して、本来は「上表文」であったとする西條の主張は新たな視座を提供するものであるが、疑問がないわけではない。第一に、序文が本来「上表文」であったとすると、『古事記』本体とは別に提出されたことになるが、現在の様態は上巻冒頭に置かれており、形態のうえでは本文に対する「序」と捉えるしかないことである。この点について西條は、弘仁三（八一二）年の日本紀講読に際して、本来別に存在した「上表文」を現在の「序」の位置に「併合した写本が作られた」と想像している。真福寺本の「序弁」は、「上表文」と本文を併合したときに後人によって書き加えられたものだというのである。

序文が華麗な漢文で書かれていることから見て、真福寺本の「序弁」は確かに不自然だが、真福寺本系統以外の卜部《うらべ》系諸写本には「弁序」とあって、実際にはどちらが本来の姿であるかはにわかに判断しがたい問題である。ちなみに、今日、真福寺本の「序弁」は伝写間に生じた誤写と見て、卜部系諸本によつて「弁序」に校訂するのが一般的である。

第二に、すでに見てきたように序文には本文の記述の理解を支える筆録方針と施注方針とが記述されていて（巻末参考資料vi②）、それは現在の書籍でいえば凡例《はんれい》の機能を果たしている点である（西宮一民『古事記の研究』）。『続日本紀』の延暦《えんりゃく》十三年の上表文（『類聚《るいじゅう》国史《こくし》』文部下）のように、資料間の文体的統一に関する苦心と編纂方針とを述べた例もあるが、『古事記』の序文が「上表文」だとする理由にはならない。

第三に、西條自身認めるように、勅撰書の場合、序と表の表現が接近する例があること

である。『古事記』序文の首尾は

臣安万侶言、夫……謹以献上。臣安万侶、誠惶誠恐、頓首頓首。

となっていて、上表文との共通性が認められることは事実であるが、これと同様に上表文の形式をおそう序文の例は実は相当数に上るのである。その一部を示そう。

凌雲集序（弘仁五〈八一四〉年）　臣岑守言……臣岑守謹言。

文華秀麗集《ぶんかしゅうれいしゅう》序（弘仁九〈八一八〉年）　臣仲雄言……虔制茲序。臣仲雄上。

日本後紀序（弘仁十〈八一九〉年）　臣緒嗣等……謹詣朝堂、奉進以聞。謹序。

経国集《けいこくしゅう》序（天長四〈八二七〉年）　臣聞……爵次姓名列之如左。謹上。

令　集解《りょうのしゅうげ》序（天長十〈八三三〉年）　臣夏野等言。臣聞……帰於天府。謹序。

続日本後紀序（貞観十一〈八六九〉年）　臣良房等、窃惟……謹詣朝堂、奉進以聞。謹序。

文徳《もんとく》天皇実録序（元慶三〈八七九〉年）　臣其経等、窃惟……謹詣天闕、奉進以聞。謹序。

日本三代実録《にほんさんだいじつろく》序（延喜元〈九〇一〉年）　臣時平等、窃惟……謹詣朝堂、奉進以聞。謹序。

天皇に献上される書籍の序が上表文の表現・書式に接近するのは自然であるから、筏論のいう序表二本立て制が時代を遡って確認されない以上、『古事記』序文が「上表文」でなければならない理由を書式・機能面から帰納することはできないはずである。

西條は『凌雲集』より前には序表の混同例がないことを根拠の一つに挙げるが、実際には『古事記』序文を含めて、『懐風藻』序（天平勝宝《てんぴょうしょうほう》三〈七五一〉年）、『歌経標式《かきょうひょうしき》』（無標記、宝亀《ほうき》三〈七七二〉年）、『続日本紀』表（延暦《えんりゃく》十三〈七九四〉年と同十六〈七九七〉年）のわずか四書五例にすぎない。しかも『懐風藻』は当初から天皇への献上の予定がない匿名氏の私撰詩集で、そもそも表的要素が混入する前提がないし、『続日本紀』の二つの表については倉野が序的な表の実例として挙げたものであった。さらに『歌経標式』（藤原浜成《はまなり》撰）は序・表いずれの標記もない特殊例であるうえに、後述するように序表の両要素を併せもっている。いずれも『凌雲集』序より前には序表の混同例がないとする西條論の見通しを支える根拠とはならないのである。

『歌経標式』の巻首文

序・表いずれの標記もない『歌経標式』の巻首文（仮にこう呼ぶ）は、『古事記』の序文を考えるうえで参考になるところがあると思われるので、首尾の部分を今までの例に倣って示してみよう。

臣浜成言。原夫……臣浜成、誠惶誠恐、頓首謹言。（臣《しん》浜成い言《まを》す。原《たづね》れば夫《そ》れ……臣浜成い誠惶誠恐《せいくわうせいきやう》、頓首謹言《とんしゆんきんげん》す。）

さて、西條は右の巻首文を書式面から上表文と認定するが、同書には巻首文末の日付「宝亀三年五月七日」よりも一八日後の日付をもつ跋文《ばつぶん》が付記されており、そこには巻首文と同様に謙卑表現を伴う献上の辞が記されている。

以前の歌式、制を奉《うけたまは》りて刪定《さんてい》すること件《くだり》の如し。……伏して願はくは、鴻慈曲げて照覧を垂れたまはむことを。謹みて言《まを》す。

右の跋文が『歌経標式』本体と別に上表されたものでないことは、「以前の歌式」とあることで明らかである。上表文に特徴的な「謹言」を伴う跋文から判明することは、巻首文を単に書式や言辞の面から「上表文」と決めつけてしまうことの危うさである。西條は『歌経標式』を「私撰」の書と考えているが、浜成の意識は大きく異なっている。「以前の歌式、制を奉《うけたまは》りて刪定すること件《くだり》の如し」と誇らしげに明記するように、巻首文に見える「宝亀三年五月七日」以降、光仁の意見を受けて「刪定」したものが『歌経標式』だというのであり、そこには私撰という意識はない。

結論から述べれば、『歌経標式』巻首文の実質は「序」である。一般に、『歌経標式』は歌論書とされているが、その内容は歌作に際して漢詩と同じように押韻《おういん》に配慮しなければならないとする極めて特殊なものである。単に本文を読んだだけでは、なぜ韻を踏まねばならないのかは分からない。しかし、巻首文を読むと、

近代の歌人、歌句に長《た》くと雖《いへど》も、音韻を知らず。他《ひと》をして悦懌《えつえき》せしむるも、猶《なほ》し病を知ること無し。……故《かれ》、新《あらた》しき例《ためし》を建《た》て、則ち韻曲を抜き、合せて一巻とす。

とあって、主題の中心に音韻が据えられていることがその理由とともに示されているのである。巻首文は機能面からいえば「序」以外の何ものでもないのである。

巻首文が書式・言辞面で上表文に近似するのは、この書物が光仁《こうにん》と浜成との親しい関係の内に胚胎《はいたい》し、最終的には光仁に献上する目的をもって成立したためである。勅撰書の序文が上表文に接近するのとまったく同じ理由によるのである。巻首文が無標記であることが問題として残されるが、この点は『古事記』とも関連するので、こうした例が古代にあり得たことだけをひとまず確認して、さらに考察をつづけることにしたい。

『歌経標式』の巻首文と『古事記』

ところで、『歌経標式』の巻首文と『古事記』序文の首尾の書式を引き較べてみると左のごとくで、献上の辞「謹以献上」の句が『歌経標式』に見られないことを除き、語句の類似度が極めて高いこと

に気づく。

臣安万侶言、夫……謹以献上。臣安万侶、誠惶誠恐、頓首頓首。

臣浜成言、原夫……………臣浜成、誠惶誠恐、頓首謹言。

先に引いた『続日本後紀』『文徳天皇実録』『日本三代実録』の三書の首尾は、固有名詞を除く言辞が完全に一致することから、明らかに『文徳天皇実録』以下が意識的に先例に倣ったものと考えられるが、『古事記』と『歌経標式』との類似もそれに近い関係をうかがわせるほどである。事実、浜成は『歌経標式』執筆に際して『古事記』を実見していたことが明らかであるから（次項参照）、浜成は『古事記』を参考にして巻首文を書いた可能性は十分にあり得るのである。

問題はその先にある。その場合、もし、浜成の目にした『古事記』上巻冒頭に安万侶の手で書かれた「序」の標記があったとすれば、まちがいなく漢文式に「上巻幷序」と書かれていたはずで、それに浜成が倣《なら》ったのであれば『歌経標式』の巻首には書名とともに「歌式幷序」（本来の書名は『歌式』）と標記されていなければならない。もちろん、『歌経標式』の巻首文に何の標記もない事情を、当時に遡って正確に知ることなどできない相談である。単に伝写間に脱落した可能性も十分にあり得るが、それでもなお想像を一歩先に進めてみたいのは、『古事記』の最古の写本である真福寺本に「序幷」とあることがやはり気になるからである。西條論は「上表文」と解釈することで、いったん『古事記』本体から引き剝がし、後人が併合する際に誤った構文で「序幷」と書き加えたものと推定するわけだが、その場合、本来あったはずの「上古事記表」ないし「進古事記表」といった標題はどう処理されたのかが問題となる。『歌経標式』の巻首文のありようを前提とすれば、むしろ浜成が参考とした『古事記』上巻には、「上巻」とのみあって「幷序」の記述がなかった可能性もあるのではないだろうか。後代の例ではあるが、天長七（八三〇）年の成立とされる『新撰亀相記』（卜部遠継）の序文にも「序」の標記がない。

筏論が指摘するように、表的な序が定着する『凌雲集』以前の例としては、『古事記』序文は一〇〇年ほど先行しており、それらの先蹤《せんしょう》というべき位置にある。そうした情況下に、必要あって勅撰書に序文を付す場合、参考になる国内資料があっただろうか。早くから指摘されているように、『古事記』序文は「進五経正義表」（唐《とう》・長孫無忌《ちょうそんむき》）を下敷きにして作文されている。それは元明に献上するために必要な措置であったと理解されるが、その結果、序文は著しく上表文的な様相を帯びることになる。漢籍に無縁な人物であればともかく、「表」を下敷きにして作成した序文に「序」と標記することに、安万侶は躊躇しなかっただろうか。それも表的序の伝統がいまだ形成されていない時期にである。

他方、薨伝《こうでん》に「略《ほぼ》群書に渉《わた》りて、頗《すこぶ》る術数に習へり」とあるように（続紀延暦九年二月乙酉条）、浜成もまた博識で知られる人物であった。光仁に献上する『歌経標式』の巻首文に序と標記すべきか否かは彼にとっても問題であったはずである。ただ、浜成の前には無標記の先例（『古事記』）があって、それに倣うことができたのではないかとも想像されるのである。

もちろん、右は単なる憶測にすぎない。真福寺本『古事記』の「序弁」は、通説の説くように「弁序」の誤写であり、また『歌経標式』については伝写間の脱落であるのかもしれない。その場合、『古事記』の序文が表的序の嚆矢《こうし》の位置に据えられることになるだけで、述べてきた論旨に支障はないことを念のために確認しておきたい。

『歌経標式』と記紀歌謡

さて、あまり注目されていないけれども、『歌経標式』には記紀の歌謡が参看され、利用されている。たとえば次のような例である（『歌経標式』『古事記』『日本書紀』とも原表記を（　）内に示す）。

i　a　蝦夷《えみし》を　一句　一人《ひだり》　二句　百《もも》な人　三句　人は言へども　四句　抵抗《たむかひ》もせず　五句
（愛彌詩烏比隄利《えみしをひだり》　二句　毛々那比都《ももなひと》　三句　比苔破伊倍登毛《ひとはいへども》　四句　多牟伽比毛勢受《たむかひもせず》　五句）

〔『歌経標式』査体・無頭有尾〕

b 蝦夷《えみし》を一人《ひだり》百《もも》な人人は言へども抵抗《たむかひ》もせず

（愛《え》瀰《み》詩《し》烏《を》毗《ひ》儾《だ》利《り》毛《も》々《も》那《な》比《ひ》苔《と》比《ひ》苔《と》破《は》易《い》陪《へ》廼《ど》毛《も》多《た》牟《む》伽《か》毗《ひ》毛《も》勢《せ》儒《ず》）

〔『日本書紀』神武即位前紀戊午年十月条・紀歌謡11〕

ii

a 沖つ鳥　一句　鴨着《づ》く島に　二句　我が率寝《ゐね》し　三句　妹《いも》は忘れじ　四句　世のことごとに　五句

（於《お》岐《き》都《つ》等《と》利《り》　一句　可《か》母《も》都《づ》倶《く》旨《し》麻《ま》爾《に》　二句　和《わ》我《が》為《ゐ》禰《ね》旨《し》　三句　伊《い》母《も》婆《は》和《わ》須《す》礼《れ》自《じ》　四句　与《よ》能《の》己《こ》等《と》己《ご》等《と》耳《に》　五句）

〔『歌経標式』雅体・短歌〕

b 沖つ鳥鴨着《づ》く島に我が率寝《ゐね》し妹《いも》は忘らじ世のことごとも

（飫《お》企《き》都《つ》鄧《と》利《り》軻《か》茂《も》豆《づ》勾《く》志《し》磨《ま》爾《に》和《わ》我《が》謂《ゐ》禰《ね》志《し》伊《い》茂《も》播《は》和《わ》素《す》邏《ら》珥《じ》誉《よ》能《の》據《こ》鄧《と》馭《ご》鄧《と》母《も》）

〔『日本書紀』神代下・第十段一書第三・紀歌謡8〕

c 沖つ鳥鴨着《ど》く島に我が率寝《ゐね》し妹《いも》は忘れじ世のことごとに

（意《お》岐《き》都《つ》登《と》理《り》加《か》毛《も》度《ど》久《く》斯《し》麻《ま》邇《に》和《わ》賀《が》韋《ゐ》泥《ね》斯《し》伊《い》毛《も》波《は》和《わ》須《す》礼《れ》士《じ》余《よ》能《の》許《こ》登《と》碁《ご》登《と》邇《に》）

〔『古事記』上・記歌謡8〕

まず、ｉａは「神日本磐余彦天皇《かむやまといはれびこのすめらみこと》、梟帥《たける》を撃《う》つ歌に曰《い》へるが如し」として引用された「歌病《かへい》」（歌作の法に反する欠陥の意）「無頭有尾」（第一句を欠く歌）の例歌だが、『歌経標式』はすべての例歌について出典を示さないので、ここも推測によるしかない。しかし、ｉａｂの歌句が全く同じであること、ｉｂを収載する神武《じんむ》紀即位前紀戊午年十月条には「先《ま》づ八十梟師《やそたける》を国見丘《くにみのをか》に撃《う》ちて、破り斬《き》りつ」とあること、神武の諡号《しごう》の用字が『日本書紀』に一致すること（もっとも『歌経標式』は同一の神人名が記紀に見える場合、必ず正史『日本書紀』の表記による）、さらにｉａには『歌経標式』の用字を逸脱する『日本書紀』の用字「詩」「烏」「苔」「破」「伽」が含まれることなどから、神武紀の歌謡を参看して引用したものであることが知られる。

　次にｉｉａは「彦火々出見天皇《ひこほほでみのすめらみこと》の海龍《わたつみ》の女《むすめ》に贈《おく》る歌に曰《い》へるが如し」として引用された「雅体《がたい》」（正しい歌体の意）「短歌」の例歌である。一見してｉｉａｂｃが酷似することは明らかだが、若干の相違も認められる。第二句はａｂが「鴨着《づ》く」であるのに対しｃには「鴨着《ど》く」とあり、第三句はａｃが「忘れじ」であるのに対しｂには「忘らじ」とあり、また第五句はａｃが「ことごとに」であるのに対しｂには「ことごとも」とある。

　詳細は矢嶋泉「『歌経標式』の例歌」に譲ることとして、要点のみを示せばａｂｃはおおよそ次のような関係となる。ｉｉａの場合、歌の基本形は『古事記』歌謡ｃを採用したうえで、奈良朝後期にはすでに古めかしく耳慣れない語形となっていた第二句の「着《と》く」を

『日本書紀』歌謡bによって「着《つ》く」に修正し、例歌としたものと考えられる。基本形がなぜ『古事記』歌謡cでなければならなかったかについては、次のような『歌経標式』独自の論理による。すなわち、『歌経標式』で要求されているのは和歌における押韻であるから（短歌では上《かみ》の句〈第三句〉の末尾音と下《しも》の句〈第五句〉の末尾音、長歌では偶数句末尾音が押韻することを求めている）、iiの場合、『古事記』歌謡cは上の句の末尾音「我が率寝《ゐね》し」と下の句の末尾音「世のことごとに」はともにイ列音で押韻の認められる適例であるのに対し、『日本書紀』歌謡bの上の句「我が率寝し」と下の句「世のことごとも」はイ列音とオ列音の非押韻例となり、例歌としての資格をもたないのである。

ただし、iiaを引用する地の文は『日本書紀』神代下・第十段本文によって作文されたものと推測される。iibが収載されているのは実際には同段一書第三であるが、海神《わたつみ》の娘豊玉姫《とよたまひめ》が出産に際して「龍」に変身するのは同段本文のみで、一書第三では「八尋大《やひろのわ》鰐《に》」への変身が語られているからである。ただし、すでに述べたように『日本書紀』歌謡bでは例歌として不適当であるため、基本形は『古事記』歌謡cを利用したのである。『歌経標式』が出典を示さないのは、独自の論理に実際に適合する歌が少ないため、適宜、改作の手を加えているためと考えられる。

ちなみに、ii aの用字には『日本書紀』の影響は認められず、他方、『古事記』についても三一音節中九音節が『古事記』の仮名字母に一致するのみである。しかも、『歌経標式』の常用仮名字母と共通するものもあるので、用字に基づいて『古事記』からの直接的な引用関係を推測することはできない。しかし、地の文を『日本書紀』によって作文しな

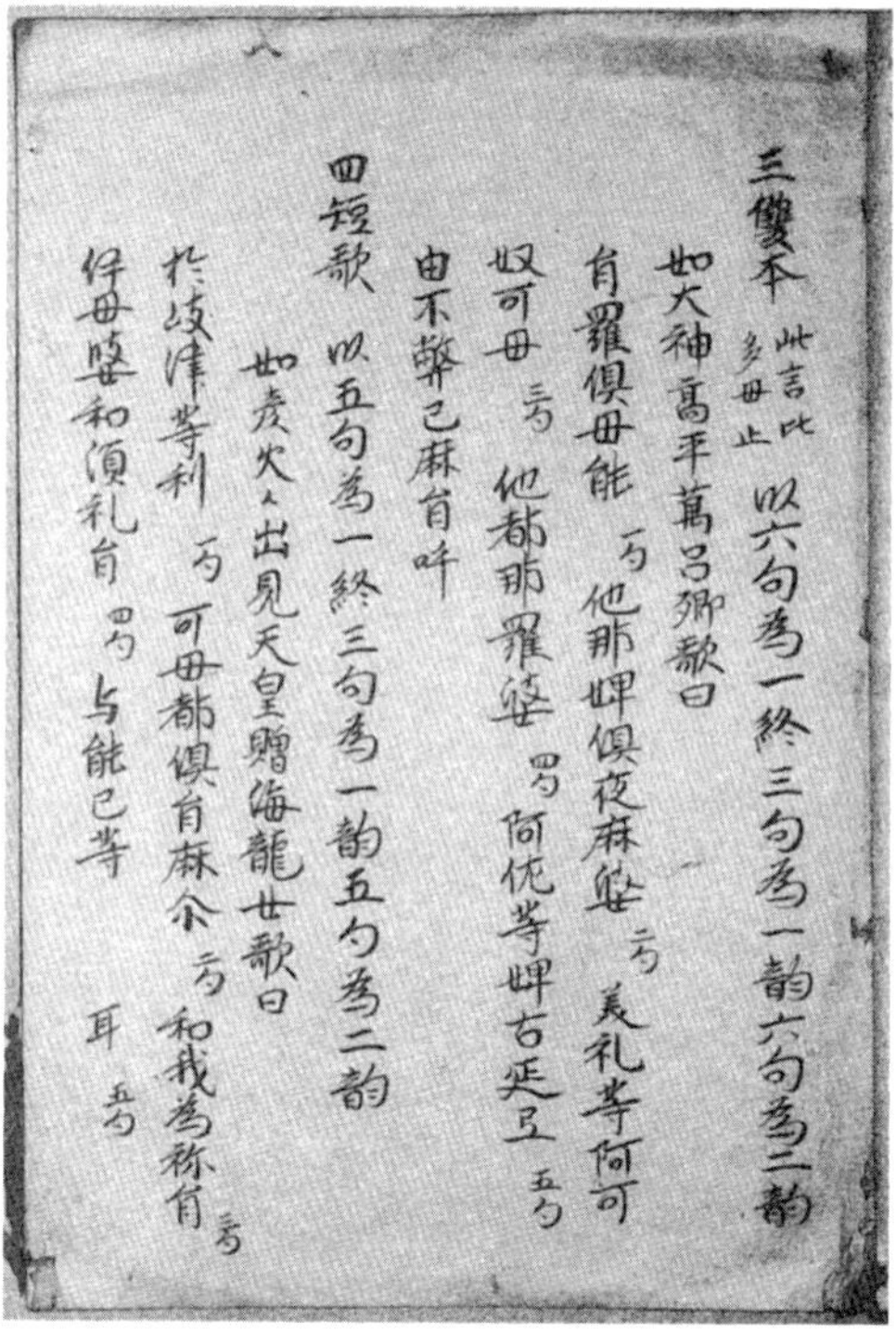
三雙本 此言比多毋止 以六句為一終三句為一韵六句為二韵
如大神高平萬呂卿歌曰
肖羅俱毋能 一句 他那婢俱夜麻登 二句 美礼等阿可
奴可毋 三句 他都那羅婆 四句 阿侂等婢古延旦 五句
由不弊己麻肖吽
四短歌 以五句為一終三句為一韵五句為二韵
如彦火々出見天皇贈海龍女歌曰
於岐津等利 一句 可毋都俱肖麻尒 二句 和我為称肖 三句
伊毋婆和須礼肖 四句 与能己等 耳 五句

図6　『歌経標式』（東京国立博物館所蔵）
ii aとして引用した例歌（四短歌）

がら、『日本書紀』歌謡bからの用字の影響が認められない点は、この場合強調しておくべきだろう。挙例は省くけれども、ii aのように『古事記』歌謡（上・記歌謡6）に基づく例歌は、雅体・長歌にも認められる。

さて、実質的には『古事記』の歌謡を採用しながら、地の文は『日本書紀』によって作文するというiiに見る処理は、『歌経標式』が記紀の歌謡を利用するに際して、歌の由来を基本的に『日本書紀』に求めようとしていることを示している。そこには正史の権威につながることで価値を高めようとする『歌経標式』の意図が読み取れるが、それと同時に奈良朝後期における『古事記』の評価も知ることができる。『日本書紀』成立後の『古事記』は、ほとんどその価値を認められていなかったのである。

『日本書紀』と『続日本紀』

4の検討とそこから派生する問題にスペースを割いたが、再び偽書説の検討に戻ろう。さて、正史に『古事記』撰録のことが見えないことを問題とする5は、「或説」が「日本紀・続日本紀ニモ、コノ書勅撰ノコトミエズ《ママ》」と指摘していたように、早くから注目されてきた問題である。その趣旨は明瞭で、『古事記』の成立が正史である『日本書紀』『続日本紀』に見えない、ゆえに序文の記す成立の経緯は信用できない、ゆえに『古事記』は偽書である、というものである。外部資料である正史によって成立が確認できないことをもって『古事記』の不在をいうその論理構造は、すでに検討を加えてきた外部徴証に基づく偽書の主張Vと実はまったく同じなのである。

もちろん、元明勅撰の史書であるなら正史に記述されてしかるべきだという常識が5を支える根拠となっていることは承知しているつもりだが、『日本書紀』成立以降の『古事記』の価値ないし評価は、すでに見てきたとおりである。『新撰姓氏録』においては『日本書紀』『続日本紀』のみが利用され、一百氏に上る氏族の出自が記述されているにもかかわらず、『古事記』は諸氏の出自確認に参考とされることはなかった。奈良朝後期の『古事記』は、収載歌謡のいくつかが《十五巻本万葉》の編纂時に参考資料として参照されたり、『歌経標式』の資料として注目される程度の、正史『日本書紀』の陰に隠れた存在にすぎなかったのである。『古事記』の成立事情が『続日本紀』に記されることを、『日本書紀』と同じ水準で期待することは、本当に常識的といえるだろうか。

この問題は後に再び取り上げることとして、ここでは『古事記』の和銅五（七一二）年の成立を疑う根拠として、5が必要十分な有効性をもつわけではないことを確認すれば十分である。すでに確かめたように、奈良朝中・後期における『古事記』の存在は、『万葉集』『歌経標式』を通じて確認できるからである。

天武紀と『古事記』序文

ところで、5をab二つに分けたのは資料自体が異なることもあるが、むしろ序文の内容との関係に差違が認められることによる。たとえば『続日本紀』については、沼田順義《ゆきよし》『級長戸風《しなとのかぜ》』が「続日本紀、安万侶《ヤスマロ》氏の長たりしをしるして、古事記をつくりしをいはず、和銅七年に紀朝臣清人等《キノアソミキヨヒトラ》に勅《(みことの)リ》ましましをば載《ノセ》て、和銅四年のは見えず」と指摘するように、『古事記』に関連する記述がないことについては議論の余地がない。続紀和銅五年正月条には『古事記』が献上された丁酉《ていゆう》(二十八日)条すら立てられていないし、撰録の下命があった和銅四年九月十八日も同様である。周知のごとく和銅七年二月戊戌条には「従六位上紀朝臣清人《きのあそみきよひと》、正八位下三宅臣藤麻呂《みやけのおみふぢまろ》に詔《みことのり》して、国史を撰せしめたまふ」、また霊亀《れいき》二(七一六)年九月乙未条には「従四位下太朝臣安麻呂《おほのあそみやすまろ》を以て氏長《うぢのかみ》とす」とあるので、順義の指摘は争いようもない事実である。

これに対し、『日本書紀』の場合は若干情況が異なっている。

天皇、大極殿に御《おはしま》して、川島皇子・忍壁皇子・広瀬王・竹田王・桑田王・三野王・大錦下上毛野君三千《かみつけののきみみちぢ》・小錦中忌部連首《いむべのむらじおびと》・小錦下阿曇連稲敷《あづみのむらじいなしき》・難波連大形《なにはのむらじおほかた》・大山上中《なか》

臣連《とみのむらじ》大島《おほしま》・大山下平群臣《へぐりのおみ》子首《こびと》に詔《みことのり》して、帝紀及び上古諸事を記し定めしめたまふ。大島・子首、親《みづか》ら筆を執《と》りて録《しる》す。

とあるように、天武紀十（六八二）年三月丙戌条には川島皇子《かわしまのおうじ》ら十二名に帝紀《ていき》・上古諸《じょうこしょ》事《じ》を記定させたとする有名な記事が見え、天武朝に帝紀・旧辞《きゅうじ》の撰録の動きがあったとする『古事記』序文の記述と何らかの関係があるように思われるからである。以下の論述に不可欠な資料であるので、天武朝における帝紀・旧辞撰録の経緯を『古事記』序文から引用する。

iv①是《ここ》に、天皇詔《すめらみことのりたま》ひしく、「朕《あれ》聞けらく、『諸家の賷《も》てる帝紀と本辞と、既に正実に違《たが》ひ、多く虚偽を加ふ』ときけり。今の時に当りて、其の失《あやまり》を改めずは、幾《いく》ばくの年をも経ずして、其の旨《むね》滅びなむとす。斯乃《これすなは》ち、邦家の経緯、王化の鴻基《こうき》なり。故惟《かれこれ》、帝紀を撰録し、旧辞を討覈《とうかく》して、偽《いつはり》を削り実《まこと》を定めて、後葉《のちのよ》に流《つた》へむと欲《おも》ふ」とのりたまひき。②時に舎人《とねり》有り。姓《うぢ》は稗田《ひえだ》、名は阿礼《あれ》、年は是《これ》廿八。為人《ひととなり》聡明にして、目に度《わた》れば口に誦《よ》み、耳に払《ふ》るれば心に勒《しる》す。即《すなは》ち、阿礼に勅語して、帝皇日継《すめらみことのひつぎ》と先代旧辞《さきつよのふるごと》とを誦《よ》み習はしめたまひき。③然《しか》れども、運《とき》移り世異《かは》りて、未だ其の事を行ひたまはざりき。

天武紀十年の帝紀・上古諸事の記定が『古事記』の編纂をいうのか、それとも『日本書紀』につながるものであるのか諸説一定しないが、最高責任者に川島皇子を据えた陣容から見て『日本書紀』につながる事業と捉えるのが通説といってよい。

さて、「或説」のいう6は序文と天武紀十年三月丙戌条との関係を問題にしたもので、実質的には５ａと表裏の関係をなす。「或説」は稗田阿礼に先代旧辞の誦習《しょうしゅう》を命じたのならば「何ゾ大島等ノ諸臣ニ帝紀ヲシルサシメ玉《たま》フコトアラン」として、序文のいう帝紀・旧辞の撰録との重複・矛盾を問題とするのである。また、沼田順義『級長戸風』は、もし『日本書紀』の編者である舎人親王が『古事記』序文を読んでいれば、右に引いた序文の③によって帝紀・旧辞の撰録が行なわれなかったことを知り得たはずで、それを知りつつ天武紀十年三月条に「帝紀及上古の諸事をしるさしめ給ふとしるし給ふ理《ことわり》あらんやも」として、舎人親王《とねりしんのう》が『古事記』を見ていなかったことは明らかだという。

「或説」・『級長戸風』ともに序文と天武紀十年三月条との関連性については否定的であるが、それは両論が正史における成立記事の不在という、ほとんど唯一の立脚点に立って偽書説を展開するためで、もう少し慎重な検討が必要であることはいうまでもない。前掲北川論の調査は『日本書紀』神代巻と『古事記』上巻の範囲に限定されているが、『古事記』が上巻の編纂に際して用いた資料の数は五本以上に及んでいる。その中には『日本書紀』の一書として収載されたものと所伝の細部まで酷似するものも含まれ、序文と天武紀十年三月条とがまったく無縁であったとも考えにくいのである。もちろん、収集し得た資料の数からいえば現在の『日本書紀』神代巻の方が多いし、編纂スタッフの布陣も天武紀十年三月条の方が本格的で、誦習者として稗田阿礼の名前しか挙げられていない『古事記』序文の記述との間にはかなりの隔たりがあるように見える。

　一般に、序文にいう帝紀・旧辞の撰録作業については、天武が稗田阿礼一人を前に置き、あたかも二人だけの作業というイメージをもたれているが、それは②の「阿礼に勅語して、帝皇日継と先代旧辞とを誦《よ》み習はしめたまひき」を、天武が自ら阿礼に語って聞かせた帝皇日継と先代旧辞とを暗誦させたとする誤読の歴史が作り上げた幻想以外の何ものでもない。こうした幻想を世間に浸透させるうえで、本居宣長『古事記伝』の「まづ人の口に熟《ツラツラ》誦《ヨミ》ならはしめて後に、其《ノ》言の随《マニマ》に書録《カキシル》さしめむの大御心にぞ有《リ》けむかし」という発言が大きな影響を与えたことは明らかだが、より根本的な原因は序文が研究史を通じて正当に読み解かれてこなかったところにある。以下に見てゆくように、稗田阿礼の果たした役割は、まったくそれとは異なるのである。

成立資料としての『古事記』序文——偽書説を読む（その四）

序文の語る成立の経緯

『古事記』成立の発端について、序文は（巻末資料参照）、天武《てんむ》が壬申の乱を経て即位したことから書き起こし（iii）、それを承《う》けて帝紀《ていき》・旧辞《きゅうじ》の撰録のことが記される（iv）。ivの①②③の関係は、一般に

①即位後、諸家に伝わる帝紀・本辞が、すでに正実と異なり、多くの虚偽が加えられていることを聞いた天武が、正しい歴史の編纂が急務であると考え、帝紀・旧辞の内容に検討を加えて撰録することを企画した。

②そこで、聡明な能力をもつ稗田阿礼《ひえだのあれ》に命じて、帝皇日継《ひつぎ》と先代旧辞とを暗誦させた。

③しかし、天武の崩御により、計画は実現しなかった。

と捉えられており、「或説」・『級長戸風《しなとのかぜ》』もこうした解釈にそって、舎人《とねり》親王が『古事記』を見ていたならば、帝紀・旧辞の撰録が行なわれなかったことを知り得たはずだという前提を導き、天武紀十年三月条の「帝紀」「上古諸事」の記定記事と矛盾するというのである。

こうした解釈は、③の「未だ其の事を行ひたまはざりき」を、①に見える天武の企画全体、すなわち「帝紀を撰録し、旧辞を討覈《とうかく》して、偽《いつはり》を削り実《まこと》を定めて、後葉《のちのよ》に流《つた》へむと欲《おも》ふ」という発言全体をさすと捉えることで導かれるのだが、それは「或説」や『級長戸風』に特有の解釈というわけではなく、『古事記伝』以来の一般的なものであったといってよい。

ところが、①を原文で確認してみると、宣長以来の通説的な解釈には大きな読み誤りがあったことが判明する。問題となるのは帝紀・旧辞の撰録に関わる部分で、原文には次のように書かれている。

撰㆓録帝紀㆒、討㆓覈旧辞㆒、削㆑偽定㆑実、欲㆑流㆓後葉㆒。

これを日本語で読み下せば、「帝紀を撰録し、旧辞を討覈して、偽《いつはり》を削り実《まこと》を定めて、後《のち》葉《のよ》に流《つた》へむと欲《おも》ふ」という訓読文が得られるが、これを原文を考慮せず、訓読文すなわち日本語の次元で解釈すると、宣長《のりなが》以来の伝統的な解釈が導かれる。日本語の述語「欲《おも》ふ」は文全体を受けるからである。

しかし、序文は漢文の論理によって構文されたものであるので、本来日本語に変換して解釈すべきものではない。原文における「欲」字は「流二後葉一」の上に置かれているので、「流二後葉一」（後の時代に伝えること）のみを「欲」しているにすぎず、「撰二録帝紀一、討二覈旧辞一、削レ偽定レ実」（帝紀・旧辞に検討を加え、虚偽を削り、正しい歴史を定めて撰録すること）にかけて理解すべきものではないのである（西宮一民「古事記行文私解」）。『古事記伝』以来の解釈は、原文を日本語のレベルに変換し、日本語の文法に則して理解したために生じた誤読であり、実際には帝紀・旧辞の撰録・討覈、削偽定実まではすでに実現されたこととして記述しているのである。

原文の述べる成立の経緯は次の事実によって保証される。時は元明《げんめい》朝に移り、稗田阿礼誦習の「勅語の旧辞」撰録の命を受けた安万侶《やすまろ》は、和語を漢字で記述することの困難を述べた後、さらに「姓《うぢ》に於きて『日下』を玖沙訶《くさか》と謂ひ、名に於きて『帯』の字を多羅斯《たらし》と謂ふ、此《かく》の如き類《たぐひ》は、本《もと》の随《まにま》に改めず」と述べている（巻末資料vi②）。地名・氏族名の日下や人名の帯《たらし》（大帯日子《おおたらしひこ》など）などの用字は「本《もと》」の資料にあるままに改めなかったというのである。要するに、安万侶の書いた『古事記』には「本」となる文字資料があり、その一部については原用字を「改めず」にそのまま用いた箇所があるということになる。

稗田阿礼の役割

天武朝に帝紀・旧辞の討覈・撰録作業がある程度進んでいたとなると、問題となるのは稗田阿礼の「誦習」作業である。従来は、宣長説にしたがって、古伝承の文字化が困難であったために、天武が正しいと判断した所伝を、文字を介さずに直接阿礼に語り伝えたものと考えられてきたが、右に確かめたように天武朝にはある程度まで帝紀・旧辞の撰録・討覈は進められていたのであり、安万侶の前には間違いなく「日下」や「帯」字を含む文字資料があった。

文脈上、阿礼の登用が記されるiv②は、iv①末尾の「撰二録帝紀一、討二覈旧辞一、削レ偽定レ実、欲レ流二後葉一」を受けているので、彼の能力は「帝紀を撰録し、旧辞を討覈して、偽を削り実《まこと》を定め」るために必要とされたわけではなく、「後葉《のちのよ》に流《つた》へむと欲《おも》ふ」を受けて登用されたことが明らかである。阿礼が命じられた「誦習」とは、要するに「後葉に流へ」るために必要とされた行為だったのである。漢語「誦習」には、単なる暗誦のほかに文字の読み方に習熟する意味もあり、序文の記述に矛盾するところはない。

では、編纂がすでにある程度進められていた帝紀・旧辞を「後葉に流へ」るために、な

ぜ「誦習」が必要だったのだろうか。その理由については『日本書紀』欽明《きんめい》二年三月条注に

帝王本紀に、多《さは》に古字有りて、撰集する人、屢《しばしば》遷《うつ》り易《か》はることを経たり。後人《のちのひと》習ひ誦むとき、意を以て刊《けづ》り改む。

とあるのが参考になる。ここで問題とされているのは、「古字」の訓みもさることながら、その訓みを介して誦習者が恣意的に文字を改めることが行なわれ、書写の過程で内容自体に変化が及ぶ場合があることである。帝紀・上古諸事の記定作業が開始された一年後の天武紀十一（六八二）年三月丙午条には、境部石積《さかいべのいわつみ》らに命じて『新字《にいな》』一部四十四巻を作らせているが、こうした動向からも古字対策が国家的課題であったことがうかがえる。

問題は文字レベルにとどまるわけではない。すでに16の検討の際に触れたように、『古事記』は諸種の資料群を統合する形で形成されたことが明らかにされているが、統合に際しては各資料間の文体的差違が当然問題となったはずである。天武朝における撰録の様態が、ある程度文体的統一が図られたものであったのか、それとも資料の接合に近いものであったのかは不明というほかないが、先に見た『続日本紀』上表文《じょうひょうぶん》に資料間の文体的差違を統一することに意を払ったと記されていたことを想起すれば、編纂の様態はおおよそ

想像できる。こうした「彼此の枝梧を刊《けづ》り、首尾の差違を矯《た》」める以前の資料が訓みにくいものであったろうことも容易に想像することができる。

稗田阿礼の才能については「耳に払《ふ》るれば心に勒《しる》す」という記憶力の面のみが強調されてきたが（甚だしいものに「語り部」説がある）、「目に度《わた》れば口に誦《よ》み」と対句になっていることからも明らかなように、目で見た文字はすべて「誦む」という優れた識字能力も同時に称揚されているのである。こうした阿礼の識字能力と記憶力に基づく誦習があって、はじめて帝紀・旧辞類は「後葉に流へ」ることが可能となるのである。

では、「未だ其の事を行ひたまはざりき」の「其の事」とは何をさすのだろうか。太安万侶に対する元明の詔は「稗田阿礼が誦《よ》める勅語の旧辞を撰録して献上せしむ」というものので、天武勅語の「旧辞」を前提とした命令であるから、稗田阿礼による誦習は行なわれたことは明らかである。ただし、安万侶に詔を下す原因として

焉《ここ》に、旧辞の誤り忤《たが》へるを惜しみ、先紀の謬《あやま》り錯《まじ》れるを正さむとして、和銅四年九月十八日を以て、臣安万侶に詔《のりたま》はく……

とあることから、「其の事」とは天武が勅語の帝皇日継・先代旧辞を一般に流布させ、その趣旨を浸透させることができなかったこと、すなわち「後葉に流へむと欲ふ」という天

武の意志であったことが、こうして明らかになる。

さて、阿礼の役割をこのように確認してみると、天武朝における帝紀・旧辞成立の経緯は、これまでに考えられてきたようなものとはだいぶ異なり、次のような過程を辿ったことが知られる。

帝紀・旧辞の撰録過程と『古事記』

1　天武朝には帝紀・旧辞の撰録・討覈作業は実施された。
2　それに基づき、稗田阿礼による帝皇日継・先代旧辞の誦習作業は行なわれた。
3　しかし、天武が崩御したため、後世への流布は実現されなかった。
4　元明朝になっても、なお先紀・旧辞に誤りがある情況を憂えた元明が、稗田阿礼の誦習する天武勅語の帝皇日継と先代旧辞を想起し、太安万侶に撰録を命じた。
5　安万侶はすでにある程度まで文字化されていた帝皇日継と旧辞を、阿礼の誦習を参考にしながら、文字・表記の統一をはかり、『古事記』と題して元明に献上した。

以上を踏まえて、再び話題を序文と天武紀十年三月条との関係に戻すと、稗田阿礼は帝紀・旧辞の撰録・討覈の役割を直接担ったわけではないから、「或説」や『綴長戸風』が指摘するような天武紀と『古事記』序文との間に矛盾は存在しないことになる。

ちなみに、『古事記』の偽作者に擬される多人長《おおのひとなが》の書いた『弘仁私記』序には、是《これ》より先、浄《きよ》御《み》原《はらの》天皇《すめらみこと》御宇《あめのしたをさ》めたまひし日《とき》に、……阿礼に勅《みことのり》して、帝王本記と先代旧辞とを習はしめたまひき。未だ撰録せしめずして、世運代を遷《うつ》し、……

とあって、明らかに序文の趣旨を誤解して記述している。『古事記』や『古事記』序文の偽作者に人長をあてる説は成立しないのである。

天武朝の修史事業と『古事記』

さて、右のように問題を整理し直してみると、序文にいう天武朝の帝紀・旧辞の撰録・討覈作業は、実は天武紀十年三月条の帝紀・上古諸事の記定作業と同じものをさしている可能性も出てくる。「或説」や『級長戸風』は、阿礼を帝紀・旧辞撰録の中心的人物と捉えたことによって、天武十年条の川島皇子らによる帝紀・上古諸事の記定との矛盾をいうことになったが、阿礼の役割は「誦習」であるから、課された仕事の内容が基本的に異なっている。序文のいう帝紀・旧辞の撰録・討覈作業の背後に相当数の編纂スタッフが存在しても、何ら問題はないのである。

もちろん、完成された『古事記』は三巻、『日本書紀』は三十巻から成り、その規模は大きく異なっている。しかし、この問題も以下に述べるように、『古事記』序文にしたがって整合的に解釈することができる。

元明が太安万侶に編纂を命じた「稗田阿礼が誦《よ》める勅語の旧辞」（巻末参考資料vi①）について、本居宣長『古事記伝』は「此《ココ》には旧辞とのみ云て、帝紀をいはざるは、旧辞にこめて文を省《ハブ》けるなり」と解釈し、安万侶は「旧辞」だけでなく「帝紀」をも撰録して献上したと考えた。元明の「稗田阿礼が誦める勅語の旧辞を撰録して献上せしむ」という発言が、天武朝の「阿礼に勅語して、帝皇日継と先代旧辞とを誦《よ》み習はしめたまひき」（同iv②）を承けていることは明らかだから、単に「旧辞」とあっても「帝皇日継と先代旧辞」の意だとする宣長の解釈は自然で無理がない。「帝紀」ないし「帝皇日継」が省略された理由についても、その後、平板を避ける漢文的技巧という説明が加えられ（山田孝雄『古事記序文講義』）、宣長の見解は通説化するに至った。

しかし、これには異説もあり、「稗田阿礼が誦《よ》める勅語の旧辞」は文字どおり「旧辞」のみであって、帝紀は含まれていないとする主張もある（徳田浄『原始国文学考』ほか）。割合からいえば、こうした立場は少数派に属するが、通説の側にも問題がないわけではない。元明の「稗田阿礼が誦《よ》める勅語の旧辞を撰録して献上せしむ」という発言が、天武朝の「阿礼に勅語して、帝皇日継と先代旧辞とを誦《よ》み習はしめたまひき」を承けることは文脈上明らかであるから、これを縮約して「稗田阿礼が誦《よ》める勅語の旧辞」と作文されていることも通説の説くとおりであろう。しかし、問題はその先にあって、「帝皇日継」は本当に通説のいうように「帝紀」と同じものなのだろうか。「帝紀」という語からは直ちに中国史書の帝紀が想起されるが、他方、「帝皇日継」の意味するところは「帝皇の日継《ひつぎ》」（皇位継承次第）であって、意味的に「帝紀」に重なるわけではない。

もちろん、中国史書の帝紀においても先帝との継承関係や系譜的要素は含まれるし、先に見た欽明二年三月条注の『帝王本紀』は欽明皇子女に関する注に見えるものであるから、国内においても「本紀」や「帝紀」が系譜記事を含むものという認識があったことは認めてよい。しかし、紀年を意味する「紀」字を含まない「帝皇日継」を（事実、現在の『古事記』も紀年を立てない）、「帝紀」と同義と認定するのには無理があるのではあるまいか（神野志隆光『古事記の達成』）。紀年を立てた歴史叙述を志向するのはむしろ『日本書紀』であって、紀年を立てない『古事記』は「古事紀」を名のることはしていない。

帝紀・旧辞と『古事記』の関係

さて、このように見てくるとき、天武十年三月条に見える帝紀・上古諸事の記定事業が、内容上、明確に二分されていたことが改めて注目される。同条に見える「帝紀」は、おそらく後の『日本書紀』に展開してゆくはずの、その祖形と思われるが、他方「上古諸事」の方は、その名称から「帝紀」とは明らかに別物と理解される。『日本書紀』神代巻に見るように、その一部は「帝紀」内部に素材ごとに分断されて組み込まれていった可能性をもつが、しかし、ここに記されているのは「帝紀」のみの記定ではなく、それとは別に「上古諸事」の記定も行なわれているのである。

ここで改めて注目されるのは、「稗田阿礼が誦める勅語の旧辞」について、文字どおり「旧辞」のみとする考え方である。先に稗田阿礼の誦習作業の検討を通じて、天武紀十年三月条と『古事記』序文とを関連づけて捉え得ることを述べてきたが、その際、記紀がともに天武十年の修史事業を継承したものと想定すると、両書の分量的な差違が障害となることを確かめた。しかし、今「稗田阿礼が誦める勅語の旧辞」を「帝紀」を含まない「旧辞」を中心としたものと捉えてみるとき、記紀の分量的な差違はまったく問題がないことになる。なぜなら、『日本書紀』は基本的に「帝紀」を継承したものであり、『古事記』は「上古諸事」を継承したものと見られるからである（一般に解釈されているように、「上古諸事」は「旧辞」を内容面に即して表したものと考えられる）。

もちろん、『日本書紀』は単に「帝紀」のみを継承したものではあるまい。冒頭にはさらに資料を集めて神代巻二巻を置き、推古朝以降の歴史を追加して三十巻へと成長し、他方、『古事記』は「稗田阿礼が誦める勅語の旧辞」に基づき、「帝皇日継」という歴史軸を骨格に据えて現在の姿を形成した。しかし、それは倉野憲司『古事記論攷』や武田祐吉『古事記研究　帝紀攷』が想像したように、「帝紀」「旧辞」を合成することによって形成されたものではなく、後述するように天皇の分節する世の連続体として歴史を構築しようとした『古事記』歴史叙述の方法なのである（「『古事記』の歴史叙述のスタイル」参照）。

以上、序文に関する問題点5（『日本書紀』『続日本紀』に序文の記す成立の経緯が記されていないこと）および6（天武紀との関係）について検討を加えてきた。もっとも古くから偽書説を支えてきた立脚点ではあるが、疑惑を支えているのは勅撰書であるにもかかわらず正史に記述がないという素朴な、それゆえにもっとも共感しやすい常識だったのである。しかし、同時代資料における記述の不在を以て『古事記』不在の証明とすることは、所詮、論理的には不十分なのであり、逆に『万葉集』などにおける『古事記』引用の事実の否定に追われることになる。

われわれは、また6の検討を通じて、偽書説がやっきになって否定を試みようとした天武紀十年三月条と『古事記』序文との関係についても、むしろ積極的に関連性を認め得る可能性を確かめてきた。実は正史である『日本書紀』に『古事記』序文の記述内容の一端が書かれているかも知れないのである。

稗田阿礼と『古事記』

序文に関する問題点も残るところは少ない。7aは稗田阿礼が同時代資料に見えないという、中沢見明『古事記論』の挙げた例の外部徴証である。bは筏勲『上代日本文学論集』による補強といえよう。

7aについては中沢の指摘するとおりである。しかし、論理的に、同時代資料に阿礼の名が見えないことが阿礼の実在を否定することには直結しないことは繰り返し述べてきたとおりである。ただし、「年は是廿八」を疑う意味は理解できない。文脈上、誦習を命じられた時点であることが明瞭だからである。それは帝紀・旧辞の撰録に、ある程度目処が立った時点であったと推測される。なお、同時代資料における未確認を起点として、女性説があり、架空の人物説があり、さまざまな空想が飛び交っているが（諸説については倉野憲司『古事記全註釈』を参照されたい）、所詮それらは序文の誤読史の上に組み立てられてきた幻想の諸相にすぎないことを指摘しておかねばならない。

7bは、筏前掲書が序文に見える「姓は稗田、名は阿礼」（iv②）、「姓に於きて『日下』を玖沙訶と謂ひ、名に於きて『帯』の字を多羅斯と謂ふ」（vi②）では、「姓」はウヂ（氏）の意で用いられているのに対し、「姓を正し、氏を撰ひ」（i⑫b）ではカバネ（姓）

の意で用いられていて、その用法が不明瞭であるとし、「姓字」の用法を十分知らない者が誤って書いた可能性を想定する。しかし、これについては西宮一民『日本上代の文章と表記』が、続紀文武四（七〇〇）年八月乙丑条の「姓は吉、名は宜」、また和銅四（七一一）年八月丙午条の「鴨部の姓を賜ふ」などを例示して、「姓」をウヂ（氏）の例に用いた例が存在することを指摘しているし、何よりも『古事記』序文が漢語・漢文に強く規制されつつ書かれていることを忘れてはならない。唯一、漢語的でない用法が允恭《いんぎょう》記の氏姓の正定の事績を記す記述（「姓を正し、氏を撰ひ」）に現れるのはそのためである。

壬申紀との関係・本文との対応

8は西田長男「壬申紀の成立と古事記」（『古代文学の周辺』）が、序文に見える壬申の乱の記述と天武紀の記述との間における類似箇所五条を挙げて、序文は天武紀を見なければ書けなかったと述べた問題である。しかし、これも西宮『日本上代の文章と表記』が批判するように、指摘された類似性は内容面に限られ、文辞上の一致が認められるわけではないため、参看の事実を証明し得ていないというのが事実である。だから、壬申の乱に関する同様の表現は、天武紀も『古事記』序文も見ていない柿本人麻呂の高市《たけち》皇子挽歌《ばんか》（『万葉集』巻二・一九九）にも認められるという事実をつきつけられると、そこで立ち往生するしかない。

9は、序文の第一段に取り上げられた歴史と本文との比較を通じて、太田善麿『古代日本文学思潮論（Ⅱ）』が、序文と本文との差（大国主神関連の物語、海さち山さちの物語など、多くの紙数を割いて語られているにもかかわらず、序文で無視された例が少なくないという）を問題として、序文は「国家のなりたち」を明らかにする意図を以て事績が選択されていると述べた問題の延長上にある。これを偽書論の立場から取り上げたのが三浦佑之『古事記のひみつ』である。

しかし、第一段に関しては、むしろ山田孝雄『古事記序文講義』のように、「古事記の本質」に関わる「国家の成立の事」「中興《ちゆうこう》の業」「国家行政上の重大事項」が示されていると捉えるのが一般的で、太田論も「国家のなりたちを明らかにするもの」を選択して序文を作成したというのであって、齟齬《そご》があるというわけではない。序文は必ずしも主題から遠い説話や事件を取り込まなければならないというわけではないから、主題に即して説話や事件が選ばれるのは当然のことなのである。

序文に採択された事績と本文との対応関係は左のごとくで（数字は巻末参考資料 i に対応）、天皇の統治する国土・国家の形成、および王権の起源と天皇統治の歴史が、主要なポイントをおさえて描かれている。量的に見れば圧倒的に上巻が多いが、それは国土の生成、王権の起源に関連して、盛り込まれた説話の多さによると考えてよい。

	序文の採択する事績	本文の内容
③	a 乾坤初分、参神作二造化之首一、	天地初発（上）
	b 陰陽斯開、二霊為二群品之祖一。	国生み・神生み（上）
④	a 出二入幽顕一、日月彰二於洗レ目、	黄泉国・禊ぎ（上）
	b 浮二沈海水一、神祇呈二於滌レ身。	禊ぎ（上）
⑤	a 太素杳冥、因二本教一而識二孕レ土産レ嶋之時一、	小結（国生み）（上）
	b 元始綿邈、頼二先聖一而察二生レ神立レ人之世一。	小結（神生み）（上）
⑥	a 懸レ鏡吐レ珠、而百王相続、	天石屋（上）
	b 喫レ剣切レ蛇、以万神蕃息与。	八俣遠呂智《やまたのをろち》（上）
⑦	a 議二安河一而平二天下一、	葦原中国平定（上）
	b 論二小浜一而清二国土一。	国譲り（上）
⑧	a 番仁岐命、初降二于高千嶺一、	天孫降臨（上）
	b 神倭天皇、経二歴于秋津嶋一。	神武東遷（中・神武）

⑨ a化熊出レ川、天剣獲二於高倉一、　神武東遷（中・神武）
　 b生尾遮レ径、大烏導二於吉野一。　神武東遷（中・神武）

⑩ a列レ儛攘レ賊、　神武東遷（中・神武）
　 b開レ歌伏レ仇。　神武東遷（中・神武）

⑪ a覚レ夢而敬二神祇一、所以称二賢后一。　大物主神祭祀（中・崇神）
　 b望レ烟而撫二黎元一、於レ今伝二聖帝一。　国見説話（下・仁徳）

⑫ a定レ境開レ邦、制二于近淡海一、　国県の制定（中・成務）
　 b正レ姓撰レ氏、勒二于遠飛鳥一。　氏姓の正定（下・允恭）

初代天皇の出現以降は、わずかに⑪ab⑫abの四項のみであるが、

⑪ a…天皇による祭祀の規範（賢后・崇神）　中巻
　 b…天皇による治政の規範（聖帝・仁徳）　下巻

⑫ a…行政区画の整備（成務）　中巻
　 b…身分秩序の整備（允恭）　下巻

というようにまとめてみれば、やはり山田論の説くところが首肯されるであろう。

疑義としては掲出しなかったけれども、このほかに稗田阿礼は『尚書《しょうしょ》』序に見える伏《ふく》

生《せい》の故事に基づいて創作された架空の人物とする説（筏勲『上代日本文学論集』、藪田嘉一郎「『古事記』序文考」）や『古事記』献上年月日剽窃《ひょうせつ》説もある（友田吉之助『日本書紀成立の研究』）。前者は『尚書』序の文辞が『古事記』序文に利用されている事実から派生したアイデアといえるが、「誦習《しょうしゅう》」の実体が根底から無視されていて議論の俎上《そじょう》に載せようがない。後者は続紀和銅七年二月戊戌条に見える紀朝臣清人《きのあそみきよひと》・三宅臣藤麻呂《みやけのおみふじまろ》らによる国史編纂記事は、依拠した暦《れき》法の相違から原資料では和銅五年正月戊戌であった可能性があり、それを唐《とう》暦で見ると「和銅五年正月二十八日」に当たるが、紀清人らの国史撰録と安万侶による『古事記』の献上とが同日に行なわれるとは考えにくいので、『古事記』献上の年月日は紀清人らによる国史撰録の日付を剽窃したものだとするのである。暦法の二度の変換という操作は措くとしても、仮に友田論によるならば、むしろ紀清人らを撰録者とするか、あるいは紀清人らに太安万侶の名を加えて偽作する方が、はるかに偽装工作としては説得性をもつように思われるのだが、どうだろう。

終わりのない偽書説

以上、偽書説の提示する疑義の検討を通じて、偽書説の本質を確かめてきた。提示されてきた疑問については、確かめてきたように、結局、和銅五年の成立を客観的・論理的に否定するものは存在しないというのが結論である。それが江戸時代の偽書論争をやすやすと通過してきた理由のすべてである。

しかし、ここまで検討作業を進めてきて改めて感じるのは、『古事記』偽書説はまちがいなく難攻不落の歴史上最強の説だという感慨である。確かめてきたように、偽書説の核心部分が正史に『古事記』の成立が記述されていないことにあるのだとすると、その疑義の正当性を支えるのは勅撰の史書であるならば当然正史にその成立が記述されているはずだ、という常識にほかならないからである。

『続日本紀』に和銅五年正月二十八日条は存在せず、『古事記』成立の記事がないことは反論の余地のない事実だから、この事実に基づいて常識的な判断を下す限り、『古事記』は偽書でなければならない道理である。この常識のもとに寄せ集められたさまざまな偽書の徴証を個別に解体していってみても、核心部分は論理性に支えられているわけではないから、その確信を覆すことはほとんど絶望的である。今なお偽書説が一部にくすぶりつづける理由は、まさにそこにある。

内部徴証の示す『古事記』の時代性

奈良時代の書籍・文書

ここまで偽書説の検討を通じて、その核心部分が正史である『日本書紀』『続日本紀《しょくにほんぎ》』に成立の記事がないことにあることを確かめてきたが、『日本書紀』については『古事記』序文の記す天武朝の帝紀《ていき》・旧辞《きゅうじ》撰録・討覈《とうかく》のことと天武《てんむ》紀十年三月条の帝紀・上古諸事の記定との間に関連性が認められる可能性があった。しかし、『続日本紀』については『古事記』の成立に関してまったく触れていないことは動かし難い事実である。その理由の本質は、すでに『日本書紀』との比較の観点から説明を加えてきたが、最後に古代の典籍・文書一般のありようを通じて問題を俯瞰《ふかん》しておこう。

表2　奈良時代の書籍・文書の成立年・撰進年と撰録者・作者関連記事

書名	成立・撰進年	撰録者・作者
①大宝律令	文武四年三月甲子（**続紀**） 文武四年六月甲午（**続紀**） 大宝元年八月癸卯（**続紀**）	刑部親王・藤原不比等ら（**続紀**文武四年六月甲午条・同大宝元年八月癸卯）
②古事記	和銅五年正月二十八日（**序**）	太安万侶（**序**）
③養老律令	養老二年（**続紀**天平宝字元年十二月壬子条）	藤原不比等ら（**続紀**天平宝字元年五月丁卯条）
④日本書紀	養老四年五月癸酉（**続紀**同条）	舎人親王（**続紀**同上条）
⑤風土記	（**続紀**和銅六年五月甲子条に撰進の官命が見える。）	
a播磨国	―	―
b常陸国	―	―
c出雲国	天平五年二月三十日（**巻末**）	神宅全太理・出雲広島（**巻末**）
d豊後国	―	―
e肥前国	―	―
⑥懐風藻	天平勝宝三年十月（**序**）	―
⑦a家伝・上巻	―	太師（藤原仲麻呂）（**巻首**）
b家伝・下巻	―	延慶（**巻首**）
⑧歌経標式	宝亀三年五月七日（**序**） 宝亀三年五月二十五日（**跋**）	藤原浜成（**序**）（**跋**）

⑨唐大和上東征伝	宝亀十年二月八日（**巻末**）	真人元開（淡海三船）（**巻首**）
⑩新訳華厳経音義私記	―（奈良朝末～平安朝初）―	――
⑪万　葉　集	―（持統朝～平安朝初期）―	――

今、『続日本紀』の扱う文武《もんむ》元（六九七）年から延暦《えんりゃく》十（七九一）年までの間に成立したとされる主要な書籍・文書（法令を含む）の成立年・撰進年および撰録者・作者を、その典拠（それぞれの直下にゴシック体の活字で示した）とともに一覧すれば表2のごとくである（現存する書籍・文書に限定し、逸文は除外した）。

見るように、何らかの形で成立に関連する記事が『続日本紀』に記されているのは、『大宝律令《たいほうりつりょう》』『養老《ようろう》律令』『日本書紀』「風土記《ふどき》」にすぎず、『懐風藻《かいふうそう》』『家伝（藤氏家伝）』『歌経標式《かきょうひょうしき》』『唐大和上東征伝《とうだいわじょうとうせいでん》』『新訳華厳経音義私記《しんやくけごんきょうおんぎしき》』『万葉集《まんようしゅう》』それに『古事記』については名称や存在すら触れられていない。成立について外部資料による保証をもたないのは何も『古事記』固有の問題というわけではなく、多くの古代の書籍・文書に共通することがらなのである。

こうした外部徴証をもたない典籍・文書の成立は、内部徴証によって手がかりを得るのが一般的な手続きで、プロローグに示した七項目はその累積の一部である。しかも、この七項目は視座も関心も異なる立場から言及された断片的な情報を列挙したものであり、それにもかかわらず、それらの内部徴証の多くが不思議にも七世紀末ころの時代性を指し示す。それは『古事記』序文が、その成立の前史に天武朝における帝紀・旧辞の撰録があったと記す事実にきれいに重なるのである。

『古事記』の時代性

もちろん、それ以降の時代を指し示す時代指標がないなどといっているのではない。和銅五（七一二）年に成立した現在の『古事記』から、たとえば「皇后」号のように八世紀初頭の要素が析出されるのはむしろ当然といってよい。しかし、ここで確認したいのは、恣意的に選択したわけではない内部徴証のすべてが、『古事記』序文の記す成立の経緯を保証するかのように析出されるという一点である。天武朝に胚胎し、元明朝に成立を果したという『古事記』序文の記す成立の経緯は、内部徴証によって保証されているといってよい。

以上で予備的な考察を終え、次章からはいよいよ『古事記』の世界に飛び込んでゆこう。

『古事記』の歴史叙述のスタイル

『古事記』はどのように読まれてきたか

関心の偏向

いったいに、作品は必ずしも作り手の意図したように読まれるとは限らない。むしろ読み手の関心のあり方に左右されるのが普通である。『古事記』もまた一つの作品であるから、読み手の関心が優先されるのはやむを得ないところである。

では、『古事記』はこれまでどのような読み方をされてきたのだろうか。古事記学会編『古事記研究文献目録　雑誌論文篇』『同Ⅱ』によれば、一八六五年から一九八四年までの一二〇年間、および一九八五年から二〇〇〇年までの一五年間に国内刊行の雑誌類に掲載された『古事記』を対象とする研究論文のテーマごとの数は表3のごとくである。

表3　テーマ別論文数一覧

	事　　項	1865～1984年	1985～2000年	小計	各巻合計
序		167	47	214	214
上巻	総論	726	246	972	2639
	別天神五柱・神世七代	103	40	143	
	伊耶那岐命と伊耶那美命	254	100	354	
	天照大御神と須佐之男命	290	131	421	
	大国主神	192	84	276	
	葦原中国の平定	112	49	161	
	邇邇藝命	131	67	198	
	火遠理命	75	39	114	
中巻	総論	29	62	191	1408
	神武天皇	202	57	259	
	綏靖～開化天皇	81	23	104	
	崇神天皇	94	54	148	
	垂仁天皇	35	52	87	
	景行・成務天皇	230	115	345	
	仲哀天皇	81	38	119	
	応神天皇	95	60	155	
下巻	総論	16	9	25	497
	仁徳天皇	91	56	147	
	履中・反正・允恭天皇	54	39	93	
	安康・雄略天皇	100	60	160	
	清寧・顕宗・仁賢天皇	39	16	55	
	武烈～推古天皇	2	15	17	

両目録とも少数の漏れが認められるけれども、従来の研究史が示してきた関心のありようを読み取るには十分な数値といえよう。

さて、論文の数が端的に示すように、研究史の関心は圧倒的に上巻に向けられてきたことが明らかである。それに次ぐのは中巻であるが、その数はいきなり上巻の約半分（五三％）にまで激減する。しかも、中巻を対象とする論文のうち、半数近い六〇四は神武《じんむ》記および景行《けいこう》・成務《せいむ》記（実質は倭建命《やまとたけるのみこと》の物語を核とする）に集中し、その関心は主として神武と倭建命という著名な二人の人物に注がれてきたにすぎないのである。

さらに極端なのは下巻に対する関心の薄さで、論文の数は上巻のわずか五分の一にとどまる。しかも、そのうち比較的数の多い仁徳《にんとく》記と安康《あんこう》・雄略《ゆうりやく》記関係の論を合わせると、すでに下巻の六割を超えており、一部の人物に関心が集中するありようも中巻とまったく等しいのである。安康記の実質は雄略の即位次第であるから、下巻の場合、仁徳と雄略という、これまた著名な人物に関心が集中してきたにすぎないことになる。

要するに、『古事記』はこれまで上巻を中心に読まれてきたといってよい。中下巻については上巻と同等の扱いを受けてきたとはいいがたく、特に下巻はほとんど付属物程度にしか読まれてこなかったのである。

こうした関心の偏りは、一見すると内容の重要性に比例しているようにも見える。確かに皇統の起源と天皇によって統治される国土の起源が語られる上巻の意義は、軽いとはいえない。しかし、上巻が重要だというのはあくまでも読み手の側の判断であって、『古事記』の意図に即しているという保証は実はどこにもない。序文に

大抵《おほかた》記せる所は、天地開闢《てんちのかいびやく》より始めて小治田御世《をはりだのみよ》に訖《をは》る。故《かれ》、天御中主神《あめのみなかぬしのかみ》以下《よりしも》、日子波限建鵜草葺不合命《ひこなぎさたけうかやふきあへずのみこと》以前《よりさき》をば上巻《かみつまき》とし、神倭伊波礼毘古天皇《かむやまといはれびこのすめらみこと》以下《よりしも》、品陀御《ほむだのみ》世《よ》以前《よりさき》をば中巻《なかつまき》とし、大雀皇帝《おほさざきのすめらみこと》以下《よりしも》、小治田大宮《をはりだのおほみや》以前《よりさき》をば下巻《しもつまき》とす。

とあるように、『古事記』が描こうとするのは天地開闢から推古《すいこ》朝に至る一連の歴史である。上巻は中下巻とともにその一部を分担するにすぎず、中下巻が上巻に対して従属的というわけではない。上巻のみを読むようには作られていないのである。

中下巻内部における関心の偏りはより任意的で、内容の重要度とはほとんど相関関係を認めることはできない。たとえば、中巻の仲哀《ちゅうあい》記に語られる息長帯日売命《おきながらたらしひめのみこと》（息長帯比売命とも）の物語は、百済《くだら》・新羅《しらぎ》の朝貢《ちょうこう》の起源を語る中巻の歴史構想にとって極めて重要なテーマを担っているが、仲哀記を対象とする論文数はわずかに神武記の半分、景行・成務記の三分の一にすぎない。また、息長帯日売命の物語を承けて語られる応神《おうじん》記は、国内

的な支配者から朝貢国を従えた〈皇帝〉相当の地位への〈天皇〉の上昇を語る、中巻の中でもっとも重要な天皇記であるにもかかわらず、その論文数は神武記の六割、景行・成務記の半分以下にとどまっている。

また、仁徳皇統の断絶の危機を克服して即位した継体《けいたい》は、『古事記』成立当時の皇統の直接的な始祖に当たる、下巻中もっとも重要な天皇の一人であるが、継体記を含む武烈《ぶれつ》〜推古記を対象とする論文はわずかに一七にすぎない（うち継体記関連の論文は一五）。念のために確認しておけば、神武・倭建命や仁徳・雄略などの人物を通じて語られる主題が軽いというのではない。中下巻において彼らの担う役割はそれぞれ重要である。しかし、その役割ないし主題は中巻あるいは下巻全体を代表するといった性質のものではなく、各巻の歴史を構成する不可欠な一部と捉えるべきものである。こうした関係は、上巻と上中下巻全体との関係に等しいといえよう。

物語的要素への関心

一般に、読み手の関心と人物・物語が担うテーマの重要性とは本来無関係である。読み手の関心を引くのは何よりも内容の面白さであって、重要だから面白いとは限らない。中下巻において関心の集中する神武・倭建命・仁徳・雄略の四人は、それぞれ興味深い物語を伴って語られている。神武は波瀾《はらん》に満ちた東遷《とうせん》の物語が広く知られているし、倭建命の東西平定をめぐる悲劇はあまりにも有名である。また、仁徳についても国見《くにみ》説話や大后の嫉妬《しっと》の物語が有名であるし、雄略についても大后若日下部《わかくさかべ》王をはじめとする四人の女性との恋物語、葛城山《かずらきやま》を舞台とする大猪《おおい》・葛城之《かずらきの》一言主大神《ひとことぬしのおおかみ》との遭遇の物語などが直ちに想起される。

中下巻における関心の偏向は、こうした物語によって支えられているところがかなり大きいと見られるのである。物語的要素がまったく存在しない武烈〜推古記に関する論述がわずか一七にすぎないことは、こうした推測を裏づける。同じく物語的要素のない中巻綏《すい》靖《ぜい》〜開化《かいか》記に関する論文が一〇四あるが、それらの大半は氏族の出自《しゅつじ》をめぐる個別的な論考である。綏靖〜開化記には全七一例中三〇例の氏祖注《しそちゅう》（氏祖系譜）が集中しており、所載氏族の量が論文数を引き上げた恰好である。

上巻に対する関心の集中にも、これと同様の事情がうかがえる。上巻もまた伊耶那岐《いざなき》・伊耶那美《いざなみ》二神による国土創造の物語をはじめとして、伊耶那岐命の黄泉国《よみのくに》訪問、天照大御神《あまてらすおおみかみ》の天石屋《あめのいわや》ごもり、須佐之男命《すさのおのみこと》の八俣大蛇《やまたのおろち》退治、稲羽《いなば》の素兎《しろうさぎ》、大国主神《おおくにぬしのかみ》の国作りと国譲り、天孫降臨《てんそんこうりん》、木花之佐久夜毘売《このはなのさくやびめ》と石長比売《いわながひめ》、海さち山さちの物語などなど、古くからよく知られた物語群の宝庫であった。

もちろん、物語に対する関心のみが偏りを生んだ要因というわけではない。神武・雄略・倭建命については、高木市之助「日本文学に於ける叙事詩時代」、石母田正《いしもだしょう》「古代貴族の英雄時代」の提起した英雄時代をめぐって活発に議論され、また岡正雄・八幡一郎・江上波夫・石田英一郎の四人が参加して行なわれたシンポジウム「日本民族＝文化の源流と日本国家の形成」において江上の提起した騎馬《きば》民族征服王朝説を契機として、上巻の天孫降臨と中巻の神武東遷の物語が世上の関心を集めたことも想起される。しかし、これらはあくまでも『古事記』の外側の問題・関心であって、『古事記』の構想する歴史とは次元を異にすることは改めていうまでもあるまい。

下巻
顕宗
清寧
雄略
推古
崇峻
用明
敏達
欽明
宣化
安閑
継体
武烈
仁賢

物語的要素の有無

ここまで『古事記』が物語を中心として読まれてきたことを確かめてきたが、『古事記』を構成する要素は必ずしも物語的要素ばかりではない。たとえば孝《こう》安《あん》記は次のような内容から成り、まったく物語的要素を欠いている。

大倭帯《おほやまとたらし》日《ひ》子《こ》国押人命《くにおしひとのみこと》、葛城《かづらき》の室《むろ》の秋《あき》津《づ》島宮《しまのみや》に坐《いま》して天下《あめのした》を治《をさ》めき。此の天皇《すめらみこと》、姪忍《めひおし》鹿《か》比売命《ひめの》を娶《めと》りて生みし御子は大《おほ》

表4　中・下巻における物語的要素の有無

		中巻	
物語的要素	あり	神武　崇神　垂仁　景行　仲哀　応神	仁徳　履中　允恭　安康
	なし	綏靖　安寧　懿徳　孝昭　孝安　孝霊　孝元　開化　成務	反正

吉備《きび》諸進命《もろすすみの》。次に大倭根子日子賦斗邇命《おほやまとねこひこふとにの》。〈二柱。〉故《かれ》、大倭根子日子賦斗邇命は天下を治めき。天皇の御年《みとし》は壱佰弐拾参歳ぞ。御陵《みはか》は玉手岡《たまてのをか》の上《うへ》に在《あ》り。〔中・孝安〕

このように物語的要素を欠く天皇記は中下巻合わせて二十代にも及ぶ。中下巻が扱うのは神武から推古に至る三十三代であるから、その数は実に六割を超えているのである。

このうち綏靖から開化に至る八代については、『日本書紀』にも天皇名・出自系譜・先帝の埋葬と陵《りょう》・即位年月日・宮都・立后《りっこう》と后妃皇子女・所生子の後裔氏族・立太子《りったいし》・崩年程度の記事しか見られないことから、一般に〈欠史八代〉と呼ばれてきたことは周知のごとくである。〈欠史〉とは歴史的内実を欠くという意味であるから、これを『古事記』に即して単純化すれば、物語的要素＝歴史として捉えられてきたことを意味する。

こうした捉え方は物語的要素に関心を集中させてきた研究史のありように共通するところをもつが、その問題性は〈欠史〉が中下巻の六割を超えてしまう点にすでに明らかである。しかも、最後の十代は〈欠史〉のまま終わるのだから、ほとんど歴史の体裁をなしていないことにならないだろうか。

帝紀と旧辞

こうした『古事記』中下巻の歴史の様態をめぐっては、津田左右吉《そうきち》『古事記及び日本書紀の新研究』が帝紀《ていき》・旧辞《きゅうじ》の形成過程から捉えようとしたことは周知のごとくである。津田は「帝皇日継《ひつぎ》」（『古事記』序文）を手がかりとして帝紀を「皇室御歴代の御系譜及び皇位継承のことを記したもの」、また「上古諸事」（天武紀十年三月条）を手がかりとして旧辞を「上代の種々の物語の記載せられたもの」と捉え、物語的要素を欠く天皇記は帝紀のみから成り、物語的要素をもつ天皇記は帝紀と旧辞とを合成して成ったものと推測した。また、物語的要素が顕宗《けんぞう》記までに限られることに着目して、母胎となった帝紀・旧辞がそこで一端完結していたためと考え、帝紀および旧辞の最初の編纂時期を継体・欽明《きんめい》朝と推測したのである。ちなみに、仁賢《にんけん》記以降は「推古天皇の後、まもない頃に編纂」されていた帝紀の類を、後に追補したものという。

津田の推論はその後の研究史に大きな影響を与えたが、津田論の関心は『古事記』を素通りして帝紀・旧辞に向けられているので、『古事記』の歴史のスタイル自体を考えようとする場合、実はほとんど参考にならない。津田自身「古事記の終りの方の御系譜ばかり記してあるのは如何《いか》にも片《かた》わの感があ」ると述べているように、津田論では現に見る中下巻の歴史は編纂上の統一を欠く不完全な代物にすぎないからである。

その場合、問題となるのは、そうした不完全な歴史が天武朝あるいは元明朝に必要とされた理由が津田論ではまったく説明できないことである。津田のいう『古事記』の不完全性については、帝紀・旧辞の編纂が天武の死によって未完のままに終わった可能性を考慮する必要もあるだろう。帝紀・旧辞の編纂作業は天武朝の段階である程度進んでいたことは確かであるとしても、『古事記』に見える天皇の和風諡号《しごう》の中には「大倭根子日子賦斗《おほやまとねこひこふと》邇命《にのみこと》」（孝霊《こうれい》）、「大倭根子日子国玖琉命《おほやまとねこひこくにくるのみこと》」（孝元《こうげん》）、「若倭根子日子大毘々命《わかやまとねこひこおほびびのみこと》」（開化）のように、八世紀初頭に決定したと見られるものが含まれているからである（水野祐『増訂日本古代王朝史論序説』）。

しかし、天武朝における帝紀・旧辞の未完性を強調しすぎると、元明朝における『古事記』成立の意味が見えにくくなる。序文によれば、旧辞・先紀の誤りを正すために「稗田阿礼が誦《よ》める勅語の旧辞」の撰録が必要とされたわけだが、『古事記』の母胎がほとんど未完の不完全な代物であったとすれば、旧辞・先紀を是正するための根拠たり得ないからである。和風諡号の点から見れば、「謹《つつし》みて詔旨《おほみこと》の随《まにま》に、子細に採り摭《ひろ》ひつ」という安万侶の発言には多少の誇張が含まれることは明らかだが、歴史の基本的な骨格については天武朝のそれが踏襲されていると認めてよいものと思われる。

重要なのは、元明朝に成立した『古事記』は、現在の形態のままで元明の要請に応え得るものであったことである。中巻の綏靖から開化に至る八代や、下巻の仁賢以下の十代に歴史が欠けているように感じるのは、われわれの判断にすぎない。綏靖から開化に至る八代については『日本書紀』もまた物語的要素を欠いたままで平然としていることからいえば、〈物語的要素＝歴史〉という関係式は根底から疑ってみる必要がある。『古事記』の歴史のスタイルについては、あくまでも今ある形に即して捉え直す必要があるのである。

皇統譜から歴史へ

『日本書紀』と『古事記』

周知のごとく、『日本書紀』は冒頭の神代上下巻を除き、四季をはじめとして年月日に分節される国家制度としての時間に貫かれた編年史のスタイルをとる。編年史の体裁をとらない神代巻も、神武即位前紀に

天祖《あまつみおや》の降跡《あまくだ》りましてより以逮《このかた》、今に一百七十九万二千四百七十余歳。

とあるように、天孫降臨《てんそんこうりん》以来の歴史は明確に時間化されており、神武《じんむ》紀以降の時間意識に直接連続するといってよい。

『日本書紀』がこうした編年史を志向するのは、直接的には規範とした中国史書（特に正史の本紀）に倣ったためと考えてよいが、その根底には七世紀中葉以降、古代王権がめ

ざした律令《りつりょう》制に基づく国作りの動向を見据えておく必要がある。律令国家の規範とされた中国では、暦法《れき》は古来「王者の重んずる所」(『史記《しき》』暦書)とされてきた。『尚書《しょうしょ》』堯典《ぎょう》に「羲《ぎ》・和《か》に命じて、昊天《こうてん》に欽《つつし》み若《したが》ひ、日月星辰《せいしん》を暦象《れきしょう》し、民に時を敬授《けいじゅ》せしむ」とあるように、暦は天子がもたらす秩序の象徴であり、その作成と頒布《はんぷ》は天子《てんし》の重要な責務と考えられてきたのである。「立春」「立秋」などの漢語が端的に示すように(「立」は他動詞で、天子が「春を立てる」「秋を立てる」の意)、季節は自ずから推移するのではなく、天子によって定立される制度なのである(新井栄蔵「万葉集季節観攷」)。

律令国家をめざす王権にとって、こうした王による時間支配制度の導入は重要な課題の一つであった。暦の正式な導入は持統《じとう》四(六九〇)年十一月の元嘉暦《げんかれき》・儀鳳暦《ぎほうれき》の施行まで持ち越されるとしても、大化《たいか》元(六四五)年に初の元号が用いられたのをはじめとして、斉明《さいめい》六(六六〇)年五月には漏剋《ろこく》(水時計)が造られ、天智《てんじ》十(六七一)年四月には近江《おうみ》新都に設置された漏剋がはじめて時を打つといった具合に(以上『日本書紀』)、新たな時間制度の導入は着々と進行していたことが知られる。『日本書紀』が志向する編年史とは、こうした背景と不可分な関係にある。和銅《わどう》五(七一二)年に『古事記』が成立しているにもかかわらず、なお編年史が必要とされた理由の一端はそこにあるといってよい。

これに対し、『古事記』は編年史という形をとらない。中巻崇神《すじん》記末の「戊寅年の十二月に崩《さ》りましき」をはじめとして、成務《せいむ》・仲哀《ちゅうあい》・応神《おうじん》・仁徳《にんとく》・履中《りちゅう》・反正《はんぜい》・允恭《いんぎょう》・雄略《ゆうりゃく》・継体《けいたい》・安閑《あんかん》・敏達《びだつ》・用明《ようめい》・崇峻《すしゅん》・推古《すいこ》の各天皇記には崩年干支注が見いだされるが、それらは天皇の没時を点的に示すにとどまり、歴史の流れを形作ることはない。だからといって、西郷信綱『古事記の世界』のように『古事記』の時間は歴史のそれとは次元を異にする「神話的時間」だと捉えて済ますのでは、神話や伝説を素材として王権史・国家史を紡ぎ出そうとする『古事記』の歴史作りに目を向けずに終わることになるだろう。早く津田左右吉《そうきち》『日本古典の研究　上』が指摘したように、神武から仲哀に至る記紀の国家形成史は、段階的・発展的に整然とした順序を踏んで描かれており、こうした歴史を貫く時間意識は、もはや円還する神話のそれではない。息長帯日売命《おきながたらしひめのみこと》の新羅《しらぎ》・百済《くだら》征討の歴史は倭建命《やまとたけるのみこと》の国内平定の歴史の前に置くことはできないし、神武記と応神記とを交換することもできない。事件の順序は歴史の構想に沿って配列されているのである。

では、編年史を志向しない『古事記』は、どのようにして歴史を構築しようとするのだろうか。現にある『古事記』に即して、その方法意識を考えてみなければならない。

『古事記』の歴史は物語的要素と非物語的要素とによって形作られていることはすでに見たごとくだが、その典型的な様態は中下巻の天皇記に見ることができる。

『古事記』中下巻の組成

武田祐吉『古事記研究　帝紀攷』は、物語的要素を含まない天皇記の観察を通じて、

一、御続柄
二、御名
三、皇居と治天下、および御宇の年数
四、后妃、皇子皇女、および皇子皇女の御事蹟
五、重要なる御事蹟の簡単なる記事
六、宝算、崩御の年月日、山陵

の各項が基本的構成要素として認められ、しかも、各項は右の順に配列されていることを指摘して、この項目・順序が天皇記の基本形態をなすことを確認した。また、物語的要素を含む場合は、第四項の次にあるのを通例とするとも指摘している。

『古事記』の歴史叙述のスタイルを考えるうえで極めて重要な指摘であったが、武田はこの基本形態を『古事記』が素材とした帝紀自体の組成と結論づけてしまった。武田論に

は明記されていないが、天皇記から「長い物語を除去した部分が、大体帝紀からきていると見ることができる」という発言に明らかなように、武田の帝紀《ていき》・旧辞《きゆうじ》論は前掲津田『古事記及び日本書紀の新研究』のアイデアを踏襲・実践したものだったからである。

ほぼ同時期に、倉野憲司『古事記論攷』もまったく同じ手続きを通じて「天皇の騰極、皇宮の名号、后妃皇子（御系譜・皇子の総数・皇子に関する重要事項）、崩御年寿、崩御の年月日、山陵」の各項を帝紀の構成要素として抽出していたが、倉野の論もまた津田説の影響下に生み出されたものであった。ちなみに、倉野が校注を担当した日本古典文学大系『古事記』解説では次のように整理された形が示されている。

1　（先帝との続柄）—天皇の御名—皇居の名称—治天下の事（治天下の年数）
2　后妃皇子女—（皇子女の総数 男数 女数）—皇子女に関する重要事項
3　その天皇代における国家的重要事件
4　天皇の御享年—御陵の所在（又は崩御の年月日—御陵の所在）

津田・武田・倉野の研究を通じて、『古事記』は非物語的要素からなる帝紀と物語的要素からなる旧辞を併合して構成されたものという考えが定着していったが、中下巻を素材レベルに解体するだけでは、それがどのように歴史たり得ているかという問に答えたことにはならない。それ以上に問題なのは、中下巻の天皇記から物語的要素を取り除くことで得られた姿が帝紀のそれを踏襲したものという保証はどこにもないことである。

厩戸《うまやど》王（聖徳太子《しょうとくたいし》）の系譜と事績、末尾に欽明・敏達《びだつ》・用明・推古・崇峻《すしゅん》の治天下の年数と陵墓の所在および厩戸王の享年《きょうねん》と墓所の所在が記述される『上宮聖徳法王帝説』の様態が武田や倉野の抽出する帝紀の組成に類似するという指摘もあるが（家永三郎《いえながさぶろう》『上宮聖徳法王帝説の研究』）、『上宮聖徳法王帝説』の系譜は厩戸王の出自とその後裔を提示することを目的とするもので、皇子女の出自を示すことを目的とする『古事記』の天皇記系譜とは本質的に異なること、また末尾の五天皇と厩戸王の陵墓《りょうぼ》の記事は本来の本文ではなく、裏書きとして記述されたものが後に転記されたものであることから、中下巻天皇記の組成とはまったく異質なものであることが明らかである（矢嶋泉「『上宮聖徳法王帝説』の構造」）。

中下巻に見る天皇記のスタイルについては、やはり『古事記』の歴史意識に即して捉え直す必要があると考える。

天皇記の基本組成

武田が指摘するように、中下巻の各天皇記は、おおむね「御続柄」「御名」「皇居と治天下、および御宇の年数」「后妃、皇子皇女、および皇子皇女の御事蹟」「重要なる御事蹟の簡単なる記事」「宝算《ほうさん》、崩御の年月日、山《さん》陵《りょう》」などの要素からなるが、各天皇記におけるありようを一覧すれば表5のごとくである。

武田論の挙げる六項目のうち、すべての天皇記に認められるのは第二・三項のみで、第一・四・五・六項については記述がない場合があることが、まずは注目される。武田のいうように、各項は天皇記を構成する基本的な要素であるとはいえ、その重要度はすべてが等価とはいえないからである。

ただ、武田論の抽出した六項目は中下巻の天皇記に共通する要素を機械的に取り出したにすぎないので、文脈における様態や機能が考慮されていない憾《うら》みがある。また、要素のレベルに寸断した形からは、かえって天皇記の基本構造が見えにくいという難点もある。表5右段に示した区分は、文脈的様態および天皇記の構造を考慮して整理し直したものである。各項の具体的な意義・機能については以下の考察に譲るが、あらかじめ要点を示しておけば次のごとくである。以下、この分類にしたがって考察を進めてゆくこととする。

第Ⅰ項　当該治世の主体の提示
第Ⅱ項　ⅰ皇子女の出自の提示　ⅱ皇位継承を含む特記事項の説明
第Ⅲ項　当該治世における歴史的事項、第Ⅰ・Ⅱ項の補足説明

	下巻																			
応神	仁徳	履中	反正	允恭	安康	雄略	清寧	顕宗	仁賢	武烈	継体	安閑	宣化	欽明	敏達	用明	崇峻	推古		
		○	○	○	○		○	○	○		○	○	○	○	○	○	○	○	Ⅰ	
○	○	○	○	○	○	○	○	○	○	○	○	○	○	○	○	○	○	○	Ⅰ	
○	○	○	○	○	○	○	○	○	○	○	○	○	○	○	○	○	○	○	Ⅰ	
○	○	○	○	○	◎	○	△	○	○		○		○	○	○	○			Ⅱ	i
○	○	○	○	○	◎	○	△	○	○	△	○	△	○	○	○	○			Ⅱ	i
○	○			○		△			○		○				(△)				Ⅱ	ii
○															○				Ⅱ	ii
○													○						Ⅱ	ii
	○			○		○					○								Ⅱ	ii
○	○			○		○				○	○								Ⅲ	
◎	◎	◎		◎	◎	◎		◎											Ⅲ	
○	○	○	○	○	○	○		○		○	○	○			○	○	○	○	Ⅳ	
				◎	◎		◎		○										Ⅴ	

表5　『古事記』中下巻天皇記の組成

項目			中巻													
			神武	綏靖	安寧	懿徳	孝昭	孝安	孝霊	孝元	開化	崇神	垂仁	景行	成務	仲哀
一	御続柄															
二	御名		◎	○	○	○	○	○	○	○	○	○	○	○	○	○
三	皇居と治天下など		◎	○	○	○	○	○	○	○	○	○	○	○	○	○
四	后妃		◎	○	○	○	○	○	○	○	○	○	○	○	○	○
	皇子皇女		○	○	○	○	○	○	○	○	○	○	○	○	○	○
	皇子皇女の御事蹟	皇位継承	◎		○	○	○	○	○	○	○	○	○	○		○
		子孫系譜			○						○			○		
		氏祖注	○		○	○	○		○	○	○	○	○	○		
		その他			○				○			○	○	○		○
五	重要なる御事蹟	非物語										○	○	○	○	
		物語										◎	◎	◎		◎
六	宝算・山陵など		○	○	○	○	○	○	○	○	○	○	○	○	○	○
	後記												○			

・行論の便宜のため，第四・五項をそれぞれ細分した．
・○および◎はともに当該項目に関する記述があることを示すが，◎は特に物語的な様態で語られていることを示す．また，△は当該項目に該当する事項が存在しないことを断る記述があることを示す．なお，空欄は当該項目に関する記述が認められないことを意味する．

第Ⅳ項　当該治世の終結
（第Ⅴ項　後記）

まず、第Ⅰ項から見てゆこう。第Ⅰ項はすべて各天皇記の冒頭に置かれ、神武記を例外として、通常は次のような類型的な一文として現れる。武田論のいう第一～三項は、実際にはその構成要素である。

先帝との続柄・天皇名・宮号・治天下

小長谷若雀命《をはつせのわかさざきのみこと》、長谷《はつせ》の列木宮《なみきのみや》に坐して、天下を治むること捌歳《やとせ》ぞ。〔下・武烈〕

子、伊耶本和気王《いざほわけのみこ》、伊波礼《いはれ》の若桜《わかさくらの》宮に坐して、天下を治めき。〔下・履中〕

第二例のように、先帝との続柄（第一項）が天皇名（第二項）の連体修飾成分として付加されることもあるが、その場合も三項と結合して必ず一文を形成する。武田論のいう第二項「御名」は主語、第三項後半の「治天下、および御宇の年数」は述語に当たり、第三項前半の「皇居」は「××宮に坐して」という形で述語の連用修飾成分（補語）をなす。

古代における天皇の諡号《しごう》および宮号《きゅうごう》が、いずれも天皇固有の表象だったことを考えれば、その両方を含む一文から天皇記が開始されるのは極めて重要な意味をもつ。第Ⅰ項は、何という諡号の天皇が、どこを宮都として天下を統治したかを記して、当該天皇記の主体を提示する機能を担うのである。それは連綿とつづく時間を天皇の治世という単位に分節する意味をもつ（矢嶋泉「『古事記』の歴史叙述」）。

唯一の例外となる神武記は、冒頭に

> 神倭伊波礼毘古命《かむやまといはれびこのみこと》（注略）と其の伊呂兄五瀬命《いろねいつせのみこと》（注略）との二柱《はしら》、高千穂宮《たかちほのみや》に坐《いま》して議《はか》りて云《い》はく、「何地《いづく》に坐さば平《たひら》けく天下《あめのした》の政《まつりごと》を聞こし看《め》さむ。猶《なほ》、東《ひむがし》に行《ゆ》かむと思ふ」といひて、即《すなは》ち日向《ひむか》より発《た》ちて、筑紫《つくし》に幸行《いでま》しき。〔中・神武〕

と記述された後に、いわゆる神武東遷の物語がつづき、最終的に

> 故《かれ》、如此《かく》、荒夫琉神等《あらぶるかみども》を言向《ことむ》け平《たひら》げ和《やは》し（注略）、伏《したが》はぬ人等《ども》を退《しりぞ》け撥《はら》ひて、畝火《うねび》の白檮原宮《かしはらのみや》に坐して、天下を治めき。〔中・神武〕

で東遷の物語は終わる。東遷の物語は、上巻世界で天孫降臨の地として設定された西偏の地日向《ひむか》から、中国皇帝支配の構造を模した「小帝国」（石母田正《いしもだしょう》『日本古代国家論　第一部』）の中心である皇都倭《やまと》の起源譚《たん》であると同時に、天皇の存在しない上巻世界から初代天皇の出現を語る意義をもつ（矢嶋泉「『古事記』神武〈東行〉論」）。

神武記冒頭に神倭伊波礼毘古命《かむやまといわれびこのみこと》（神武）と長兄五瀬《いつせの》命の名が並記されているのは、上巻末に常世国《とこよのくに》に渡ったと語られる三兄御毛沼《みけぬの》命、および海原に入ったと語られる次兄稲氷《いなひの》

命を除き、高千穂《たかちほ》宮を発つ時点では神倭伊波礼毘古命・五瀬命のいずれも初代天皇として即位する資格を有していたからである。結果的に五瀬命は東遷の途上で戦死し、神倭伊波礼毘古命が初代天皇として即位することになるが、冒頭文が神倭伊波礼毘古命と五瀬命の二人を主体として記述するのは、こうした事情に応じた措置と考えられる。

神武記冒頭文の異例性を右のように見定めるとき、東遷の物語が「畝火の白檮原宮に坐して、天下を治めき」と結ばれている点が改めて注目される。神武記は二人の主体を記述するという異例の書き出しから開始されてはいるが、そもそも神倭伊波礼毘古命と五瀬命の二人は「高千穂宮に坐して」東に行くことを決定したのであり、その後も

其地《そこ》より遷移《うつ》りて、竺紫《つくし》の岡田宮《をかだのみや》に一年坐しき。
亦《また》、其の国より上《のぼ》り幸《いでま》して、阿岐国《あきのくに》の多祁理《たけりの》宮に七年坐しき。
亦、其の国より遷《うつ》り上り幸《いでま》して、吉備《きび》の高島《たかしまの》宮に八年坐しき。

とあるように、文脈上は冒頭に提示された命題である「平《たひら》けく天下の政《まつりごと》を聞こし看《め》」すための宮（皇都）が模索されつづけている（前掲矢嶋論）。要するに、神武記冒頭に語られる物語は、天皇記一般の冒頭文を「主体」と「宮」の確定に至った経緯として語ったものなのである。「××天皇、××宮に坐して天下を治めき」という通常の文体と異なるとは

いえ、これと同等の機能をもつといってよい。

かくて、『古事記』中下巻の天皇記は、すべてが当該治世の主体を提示するところから開始されることが確かめられる。津田論以来、物語的要素と非物語的要素とは帝紀と旧辞とを識別する重要な指標として重視されてきたが、天皇記の冒頭文の枠組みと機能に着目する限り、いずれの様態をとるかを決定するのは、素材ではなく『古事記』自体の構想にあることが確認されるのである。

享年と山陵

第Ⅰ項の意義・機能を右のように捉えるとき、原則的に天皇記の末尾に置かれる第Ⅳ項（第六項）が改めて注目される。享年と山陵とは、いうまでもなく当該天皇の終焉を示す記事だからである。当該天皇の治世であることを提示する第Ⅰ項から開始される天皇記が、末尾に第Ⅳ項を置くのは極めて自然な構成といってよい。

しかし、こうした天皇記のスタイルを一般的・常識的な措置と考えるのは早計である。たとえば『日本書紀』では、綏靖《すいぜい》の死と享年は綏靖紀三十三年五月条に「癸酉に崩りましぬ。時に年八十四」と記されているが、山陵への埋葬は、次代の安寧紀元年十月丙申条に「神《かむ》渟《ぬ》名《な》川耳《かはみみ》天皇《のすめらみこと》を倭《やまと》の桃花鳥《つき》田丘上陵《だのをかのうへのみささぎ》に葬《はぶ》りまつる」と記されている。もちろん、神武紀のように死亡・享年と山陵への埋葬記事がともに記述される場合もあるが、死亡・

享年記事と山陵への埋葬記事とが当該天皇紀と次代の天皇紀（もしくはそれ以降）に分かれて記述された例は、綏靖・安寧《あんねい》・懿徳《いとく》・孝昭《こうしょう》・孝安《こうあん》・孝霊《こうれい》・孝元《こうげん》・景行《けいこう》・成務《せいむ》・仲哀《ちゅうあい》・反正《はんぜい》・雄略《ゆうりゃく》・顕宗《けんぞう》・武烈《ぶれつ》・敏達《びだつ》・舒明《じょめい》・斉明《さいめい》・天武《てんむ》の十八天皇にも及んでいる（天智《てんじ》は山陵に関する記事を欠く）。古代にあっては埋葬以前に殯宮《ひんきゅう》儀礼（死者の復活を本来の目的とする）が行なわれるのが一般的であったから、山陵への埋葬記事は次代に組み込まれる方がむしろ実情に即しているともいえるのである。

なお、『古事記』では清寧《せいねい》・仁賢《にんけん》・宣化《せんか》・欽明《きんめい》の四天皇記は第Ⅳ項を欠くが、これは資料的な不備と考える以外にない。ちなみに、『日本書紀』にはそれぞれ死亡年月日・享年（「年若干」とする例もある）・山陵に関する記事がある。

后妃と皇子女系譜

次に后妃・皇子女の系譜を記す第Ⅱ項（第四項）について、その意義・機能を確かめておこう。なお、景行記末尾に置かれた倭建《やまとたけるの》命系譜および応神記末尾の若野毛二俣王《わかのけのふたまたのみこ》系譜は、通常の第Ⅱ項とは別に第Ⅲ項の後に置かれているが、いずれも本来の第Ⅱ項に出自が記された皇子に関する補足的な系譜記事で、安寧記第Ⅱ項の師木津日子《しきつひこの》命系譜・孝元記第Ⅱ項の比古布都押之信《ひこふつおしのまことの》命系譜・敏達記の忍《おし》坂日子人《さかひこひとの》太子系譜などと本質的な相違はない。ここでは第Ⅱ項の別項として同等に扱うこととする。

さて、第Ⅱ項の場合も「后妃」や「皇子皇女」などの要素に分解することからは、文脈に即した意義・機能は見えてこないので、本来の姿に還元して観察する必要がある。前節に引用したところではあるが、比較的小規模な孝安記の観察を通じて、第Ⅱ項の意義を確かめてみたい（引用に際して付加した符合は、表5右段のそれに一致する）。

Ⅰ大倭帯日子国押人命《おほやまとたらしひこくにおしひとのみこと》、葛城《かづらき》の室《むろ》の秋津島宮《あきづしまのみや》に坐《いま》して天下《あめのした》を治《をさ》めき。Ⅱｉ此の天皇、姪忍鹿比売命《めひおしかひめのみこと》を娶《めと》りて生みし御子は、大吉備諸進命《おほきびもろすすみのみこと》。次に大倭根子日子賦《おほやまとねこひこふ》斗邇《とにの》命。〈二柱。〉ii故《かれ》、大倭根子日子賦斗邇命は天下を治めき。Ⅳ天皇の御年《みとし》は壱佰弐拾参歳ぞ。御陵《みはか》は玉手岡《たまてのをか》の上《うへ》に在《あ》り。　〔中・孝安〕

孝安記は主体を提示する第Ⅰ項と、同記を閉じる第Ⅳ項とによって形作られる基本的枠組みの間に、第Ⅱ項のみを含んで成り立つ。天皇の后妃・皇子女の系譜を主たる内容とする第Ⅱ項は、Ⅱｉ冒頭に「此の天皇」と明記されているように、自立的に存在する系譜というわけではなく、あくまでも第Ⅰ項を前提とした記述であることを、まずは確認しておく必要がある。ここでは当該天皇記の主体である孝安が忍鹿比売《おしかひめの》命を后として大吉備諸進《おおきびもろすすみの》命と大倭根子日子賦斗邇《おおやまとねこひこふとにの》命の二子をなしたことを記した後（Ⅱｉ）、二皇子のうち大倭根子日子賦斗邇命が次代の天皇（孝霊）になったことを記して記述を終えている（Ⅱ:ⅱ）。結局のところ、孝安記の内実は孝霊への皇位継承のみであるといってよい。

次の孝霊記は孝安記の第Ⅱ項:ⅱ「故《かれ》、大倭根子日子賦斗邇命は天下を治めき」を承けて、

Ⅰ大倭根子日子賦斗邇命《おほやまとねこひこふとにのみこと》、黒田《くろだ》の廬戸宮《いほとのみや》に坐して天下を治めき。Ⅱ:ⅰ此の天皇……

とつづき、さらに次の孝元記は孝霊記の第Ⅱ項:ⅱ中に記された「故《かれ》、大倭根子日子国玖琉命《おほやまとねこひこくにくるのみこと》は天下を治めき」を受けて、「大倭根子日子国玖琉命は、軽《かる》の堺原《さかひはらの》宮に坐して天下を治めき」とつづいてゆく。遡って孝安記のⅠは、その前代の孝昭記の第Ⅱ項:ⅱ中の「故《かれ》、弟帯日子国忍人命《おとたらしひこくにおしひとのみこと》は天下を治めき」を承けている。

かくして『古事記』中下巻の天皇記は、第Ⅱ項を通じて連鎖を繰り返しつつ、皇位継承史を実現するのである（吉井巌『天皇の系譜と神話　三』、前掲矢嶋「『古事記』の歴史叙述」）。皇位継承のみを内容とする孝安記のような天皇記が存在することは、『古事記』の構想する歴史の根幹に皇位継承史が据えられていることを端的に示しているが、この点は序文からも確かめることができる。

『古事記』成立の直接的契機は「稗田阿礼が誦《よ》める勅語の旧辞を撰録して献上《たてまつ》れ」という元明の命にあったが、その母胎として想定されているのは天武が阿礼に誦習させた「帝

皇日継」と「先代旧辞」である。この「帝皇日継」は帝紀と同義とするのが通説的な理解だが、すでに述べたように、現に紀年というシステムをもたない『古事記』の母胎に帝紀を想定することは、字義の点で無理といわねばならない。「帝皇日継」の前半の二字は漢語に基づく表記であるとしても、「日継」は明らかに漢語ではなく和語ヒツギを表したものであり、四字が意味するところは「帝皇《すめらみことの》日継《ひつぎ》」すなわち皇位継承次第以外ではない。要するに、『古事記』は稗田阿礼の誦習した皇位継承次第である「帝皇日継」と「先代旧辞」から成る歴史なのである。

前掲津田書が、「古事記を通覧すると、もつとも重きを置いて詳密に記してあるのは、歴代の天皇の御系譜であつて、仁賢天皇以後はたゞそればかりが書いてあ」るというのはその限りで正しい観察であるが、それは旧辞的要素の欠落によって生じた結果などではなく、『古事記』の皇位継承次第が多くの場合、各天皇記の皇子女系譜を通じて実現されているからなのである。

皇子女系譜と皇位継承次第

第Ⅱ項によって皇位継承が確認される場合を皇統譜上に実線で繋いでゆくと、図7のような継承次第が確認される。第Ⅱ項は神武記のように物語的に語られる場合もあるので（次項参照）、ここではそれも実線で示

図7　第二項によって確認される皇位継承次第

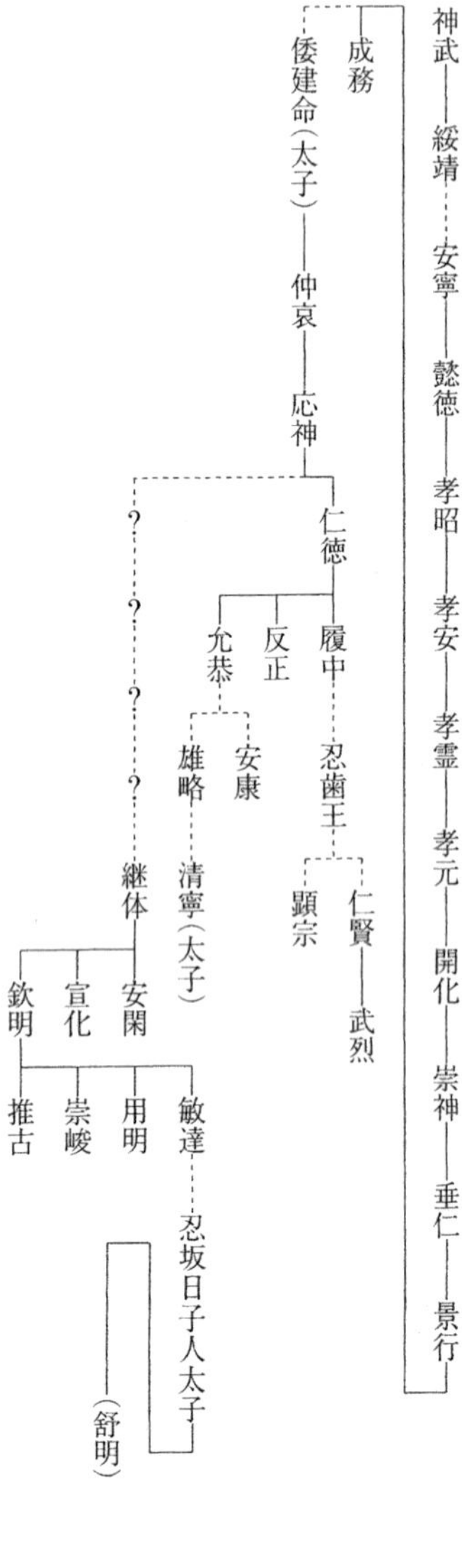

してある。見るように、ほとんどの継承関係が第Ⅱ項によって示されているのである。

綏靖記の第Ⅱ項は単に「此の天皇、師木県主《しきのあがたぬし》の祖《おや》、河俣《かはまた》毘売《びめ》を娶りて生みし御子は、師木津日子《しきつひこ》玉手見命《たまてみの》。〈一柱。〉」とのみあって次代への継承関係が記されていないが、綏靖の皇子は師木津日子玉手見命一人であることから、特に記述の必要がなかったものとも解される。また、雄略記の第Ⅱ項にも清寧への継承に関する記述はないが、雄略記の場合、皇子女は白髪命《しらかのみこと》と妹若帯《いもわかたらし》比売命《ひめの》の二人しかいないこと、また第Ⅱ項には「故《かれ》、白髪《しらかの》太子

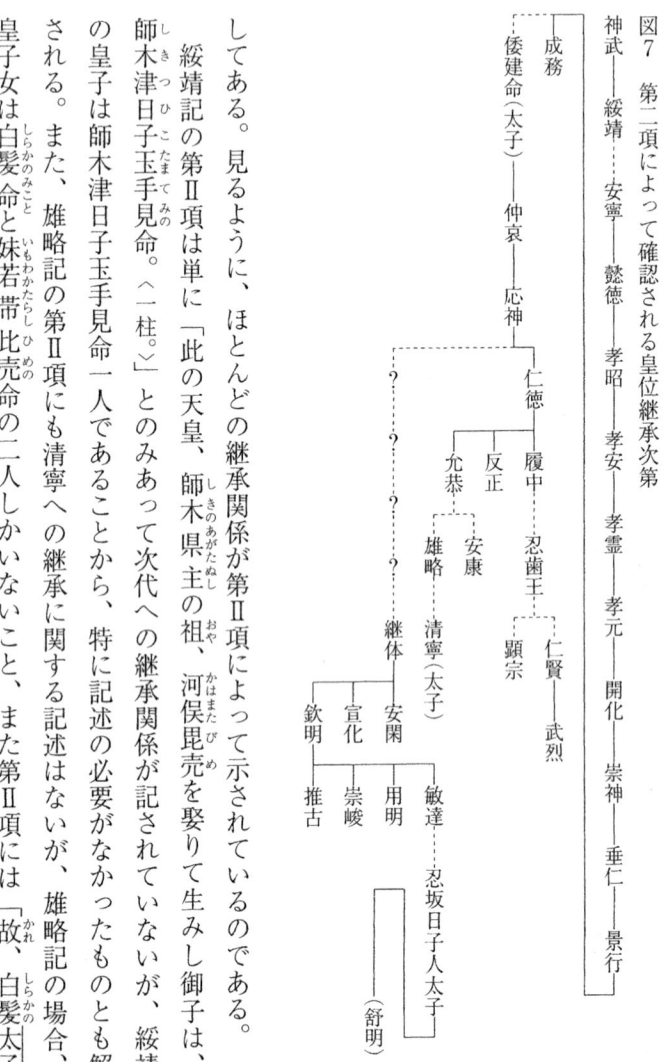

の御名代《みなしろ》として白髪部《しらかべ》を定め……」という記述が見えることから、御名代の制定記事が継承次第の記述に準じるものと理解される。

皇位継承次第の記述は、皇孫以下の系譜中に記述される場合もある。景行記末の倭建命系譜中に見える「故、帯中津日子命《たらしなかつひこの》は天下を治めき」がそれである。景行記の第Ⅱ項iiには「若帯日子命《わかたらしひこの》と倭建命《やまとたけるの》と、亦五百木之入日子命《またいほきのいりひこの》と、此の三はしらの王《みこ》は、太子の名を負ひき」とあって、即位しなかった倭建命が「太子」の称号を負ったことをわざわざ記述していることと合わせて、父が天皇でない仲哀の即位を保証する記述と見られる。同様の措置は、敏達記において常に「太子」号を負って記述される「忍坂日子人太子《おしさかひこひとの》」の待遇にも認めることができる。もちろん、父が天皇ではない舒明の即位を保証するための記述である。また、忍坂日子人太子の例では、敏達―忍坂日子人太子―舒明の継承関係も「太子」号によって保証されていることになる。

以上によって、『古事記』の皇位継承史が基本的に第Ⅱ項を介して形作られていることが確かめられるが、実際にはそうした原則から漏れる例があることも事実である。允恭―安康間、安康―雄略間、清寧―顕宗―仁賢間、武烈―継体がそれである。

允恭―安康間の継承は、允恭没後に起きた木梨之軽太子《きなしのかるの》と衣通王《そとおりのみこ》との近親相姦事件を通じて、本来「太子」ではなかった穴穂御子《あなほのみこ》（安康）の即位が説明される仕組みとなっているが、物語では一貫して軽太子は「太子」号を負いつづけているので、文脈上、安康の即位は正当性の裏づけをもたないまま即位していることになっている。後述するように、こうした允恭―安康間の継承は下巻の皇位継承史の構想と密接に連動しているが、継承関係を語る手段・様態に着目して話を進めれば、こうした異常な継承関係は非物語的要素からなる通常の第Ⅱ項によっては記述することは不可能である。それゆえ、允恭記では後記を付加して近親相姦を契機とする太子追放の物語を通じて、軽太子不即位の説明がなされるのである。允恭記に「後記」（第Ⅴ項）が必要とされたのはそのためである。

同様に、安康―雄略間の継承についても「後記」が用意され、その経緯が物語的要素によって語られている。また、皇統の断絶の危機を背景とする清寧―顕宗、および武烈―継体間の継承も、通常の第Ⅱ項の形態によっては記述することができない。いずれの場合も「後記」が用意されて、前者については意祁《おけ》（仁賢）・袁祁《おけ》（顕宗）二王子発見の物語を通じて顕宗即位の経緯を説明し、後者については、

天皇《すめらみこと》既に崩《かむあが》りますに、日続《ひつぎ》を知らすべき王《みこ》無し。故《かれ》、品太《ほむだ》天皇の五世《いつつぎ》の孫《うまご》、袁本杼《をほどの》命《みこと》を近淡海国《ちかつあふみの》より上《のぼ》り坐《いま》さしめて、手白髪命《たしらかの》に合《あは》せて、天下を授け奉《まつ》りき。

という記事によって継体即位の経緯を説明するのである。〔下・武烈〕

なお、顕宗―仁賢間については、清寧「後記」に兄意祁命《おけのみこと》（仁賢）と弟袁祁命《おけの》（顕宗）による即位互譲の物語が語られ、先に即位すべき兄の譲りを受けて顕宗が即位したことになっている。しかも、顕宗記第Ⅱ項には「天皇《すめらみこと》、石木王《いはきのみこ》の女《むすめ》、難波王《なにはの》を娶りき。子無し」と、唯一の后妃との間に子がなかったことが記されているので、この時点で皇統を継承し得る立場にあるものは仁賢以外に存在しないのである。結局、顕宗―仁賢間の継承は、清寧「後記」の互譲の物語と顕宗記の第Ⅱ項によって説明されていることになる。

要するに、中下巻の皇位継承史は天皇記の第Ⅱ項によって基本的骨格が形成され、第Ⅱ項によっては継承の経緯が示し得ない場合に、物語的要素による説明が施されるのである。

后妃と皇子女系譜の異例

さて、第Ⅱ項は基本的に非物語的要素からなるが、神武記や安康記のように物語的に語られる例もある。神武記の場合、第Ⅰ項に相当する東遷―即位の物語の直後に、

a故《かれ》、日向《ひむか》に坐《いま》しし時に、阿多《あた》の小椅君《をばしのきみ》が妹《いも》、名は阿比良比売《あひらひめ》（注略）を娶りて生《めと》みし子は、多藝志美美命《たぎしみみのみこと》、次に岐須美美命《きすみみの》、二柱坐しき。〔中・神武〕

という、日向時代の后との間に生まれた二皇子の出自系譜を記した後、「然《しか》れども、更《さら》に大后《おほきさき》とせむ美人《をとめ》を求めし時に」として伊須気余理比売《いすけよりひめ》求婚の物語がつづき、その結果、

b然《しか》くして、阿礼坐《あれま》せる御子の名は、日子八井《ひこやゐの》命。次に神八井耳《かむやゐみみの》命。次に神沼河耳《かむぬなかはみみの》命。〈三柱。〉　〔中・神武〕

という大后伊須気余理比売との間に生まれた三皇子の誕生を記す系譜的記事で結ばれる。

ちなみに、神武記の場合、通常第Ⅱ項内部に非物語的に記述される皇位継承次第も、

故《かれ》、天皇《すめらみこと》崩《かむあが》りましし後に、其の庶兄《ままね》当藝志美々《たぎしみみの》命、其の適后《おほきさき》伊須気余理比売を娶りし時に、其の三はしらの弟《おと》を殺さむとして謀《はか》りし間に、……　〔中・神武〕

のように当藝志美々命の反逆物語という形をとり、反逆者を殺害し得なかった兄神八井耳《かむやいみみの》命の譲りを受けて、反逆者を殺害し得た末弟神沼河耳《かむぬなかわみみの》命（綏靖）が即位することになった次第を、通常の天皇記と同様の形式で記して物語は結ばれる。

故、其の日子八井命は、〈茨田連《うまらたのむらじ》・手《て》島連《しまのむらじ》が祖ぞ。〉神八井耳命は、〈意富臣《おほのおみ》・小子部連《ちひさこべのむらじ》……島田臣等が祖ぞ。〉神沼河耳命は天下を治めき。　〔中・神武〕

右を通じて綏靖記への皇位継承次第を記した後は、直ちに第Ⅳ項を記して天皇記の全体を終えている。

凡《おほよ》そ、此の神倭伊波礼毘古《かむやまといはれびこの》天皇の御年は壱伯参拾漆歳ぞ。御陵は畝火山《うねびやま》の北の方の白檮尾《かしのを》の上に在《あ》り。
〔中・神武〕

神武記は通常の天皇記にくらべて物語的要素が多いけれども、要素としては孝安記と同様、第Ⅰ・Ⅱ・Ⅳ項の三項から構成されているにすぎず、それぞれの機能も通常の天皇記に等しい。神武記の第Ⅱ項が物語を必要とするのは、先に引いた系譜記事aで阿比良比売との間に二皇子が生まれたことを記しながら、「然れども、更《さら》に大后《おほきさき》とせむ美人《をとめ》を求めし時に」と物語が展開しているように、初代天皇の大后の資格が問題とされたからにほかならない。そもそも伊須気余理比売求婚の物語は大久米命《おおくめの》の「此間《ここ》に媛女《をとめ》有り。是《これ》、神の御子と謂《い》ふ」という発言から始まり、「美和《みわ》の大物主神《おほものぬしの》」の「御子」である伊須気余理比売が「大后」として選定されるのである。

伊須気余理比売の父である大物主神が、国作りのパートナー少名毘古那《すくなびこなの》神を失って途方に暮れる大国主神の前に海上より現れ、自分を祭ってくれれば「共与《とも》に相作《あひつく》り成さむ」と国作りの協力を申し出た「御諸山《みもろのやま》の上《うへ》に坐《いま》す神」と同一の神であることは（上・大国主神の国作り）、中下巻の主題面でも重要な仕かけとなっている。上巻の国作りとはレベルを異にするとはいえ、中下巻もまた国家形成史を重要な主題とするが、大物主神の「御子」

伊須気余理比売と初代天皇神武との結婚は、上巻の国作りと中下巻に展開される国家形成史とが血統面で結合されることになるからである（矢嶋泉「『古事記』の大物主神」）。

要するに、神武記が通常の天皇記と異質に見えるのは、中巻の歴史において神武記に割り振られたテーマによるのであり、それに応じて各項（第Ⅰ項と第Ⅱ項）が物語的要素で肥大しているにすぎない。盛り込むべき器は、通常の天皇記と同じなのである。

ちなみに、安康記の場合も同様である。安康記は冒頭に「（御子）、穴穂御子《あなほのみこ》、石上《いそのかみ》の穴穂宮《あなほのみや》に坐《いま》して天下《あめのした》を治《をさ》めき」という第Ⅰ項を記した後、直ちに天皇の弟大長谷王子《おおはつせのみこ》（雄略）の妃として仁徳皇女若日下王《わかくさかのみこ》を迎えるために使者根臣《ねのおみ》を若日下王の兄大日下王《おおくさかのみこ》のもとに派遣した物語的な記述に移ってしまい、いわゆる系譜のスタイルによる記事は見当たらない。しかし、その後の物語の展開を辿ると、根臣の讒言《ざんげん》を信じた安康が大日下王を殺害し、大日下王の妻長田大郎女《ながたのおおいらつめ》を略奪して自らの「皇后」とし、さらに皇后との間に子どもをもうけぬうちに、皇后の「先の子」目弱王《まよわのみこ》に大日下王を殺害したことを知られ、自身も目弱王によって殺害されたことが語られる。系譜的記事のスタイルではないが、内容的には后妃皇子女に関する系譜的情報を満たしているのである。

なお、武烈・安閑・清寧記の第Ⅱ項は、それぞれ「此の天皇《すめらみこと》、太子无《な》し」（武烈記）、

「此の天皇、御子無し」（安閑記）、「此の天皇、皇后《おほきさき》無く、亦《また》御子も無し」（清寧記）のごとくで、具体性を欠く記述となっている。しかし、具体性を欠くにもかかわらず、あえて嗣子《しし》あるいは皇后のいないことを記しているのは、かえって第Ⅱ項の重要性を照らし出しているということもできる。すでに確かめたように、第Ⅱ項は皇位継承史にかかわるもっとも重要な項目であるから、欠落を作らないという原則は当然のこととして理解される。

ただし、その場合、下巻末尾の崇峻・推古記に第Ⅱ項が欠けていることの問題性が逆に問われることになる。女帝である推古については、敏達の妻としてすでに敏達記に八人の皇子女が記述されており、推古記で再録する必要はなかったともいえるが、崇峻に関しては『日本書紀』崇峻元年三月条に、

　大伴糠手連《おほとものあらてのむらじ》が女《むすめ》小手子《こてこ》を立てて妃《みめ》とす。是《これ》、蜂子皇子《はちのこのみこ》と錦代皇女《にしきてのひめみこ》とを生めり。

という后妃・皇子女に関する記述が見えるので、崇峻記に第Ⅱ項の記述がないことについては、別に理由を求めなければならない。崇峻・推古記の問題は、後述することとして、さらに第Ⅱ項の観察をつづけることにしたい。

皇子女出自系譜と歴史的事項

ところで、先に示した孝安記の第Ⅱ項が、皇子女の出自を示す系譜そのものと（ⅰ）、それに関する説明記事（ⅱ）から構成されていたように、第Ⅱ項は多くの場合、皇子女の出自を提示する系譜（以下Ⅱⅰを〈系譜部〉と呼ぶ）と〈系譜部〉に示された特定の皇子女に対する説明記事（以下Ⅱⅱを〈説明部〉と呼ぶ）の二部構造からなる（久田泉「『古事記』氏族系譜記載の方法」）。

第Ⅱ項の第一義的機能が皇位継承次第の提示にあることは確かめたごとくだが、〈説明部〉に記述される内容はそれのみにとどまらず、氏祖系譜、皇孫以下の系譜、部の制定、皇女の伊勢神宮奉祭、名代・子代の制定、皇子女の宮の所在、地方平定、皇女の婚姻、造池、神宮への横刀の奉納、国造・和気・稲置・県主等への分封、殉死の起源など、極めて多岐にわたる。第Ⅱ項は后妃との婚姻と皇子女の出自を示す系譜を主体とすることは確かであるが、〈説明部〉を通じて記述される内容は、皇位継承次第をはじめとして『古事記』の構想する歴史に密接な関わりをもつことを予測させる。

たとえば、孝霊記と景行記に見える平定記事を取り上げてみよう。

①　大吉備津日子《おほきびつひこの》命と若建吉備津日子《わかたけきびつひこの》命との二柱は、相副《あひそ》ひて針間《はりま》の氷河《ひかは》の前《さき》に忌瓮《いはひへ》を居《す》ゑて、針間を道口《みちのくち》として、吉備国を言向《ことむ》け和《やは》しき。〔中・孝霊〕

②　小碓《をうすの》命は東《ひむがし》西《にし》の荒ぶる神と伏《したが》はぬ人等《ども》とを平《たひら》げき。〔中・景行〕

①はいわゆる〈欠史八代〉の中で、大吉備津日子命と若建吉備津日子命の二皇子の事績の説明という形で、唯一勢力拡大の歴史を語る記事である。一方、②はこの後につづく第Ⅲ項に、兄大碓《おおうすの》命殺害事件を契機として展開する小碓《おうすの》命（倭建命《やまとたけるの》）を主人公とした熊曾《くまそ》建《たける》征討・出雲建《いずもたける》征討・東征などの東西平定の物語群が置かれている。注目されるのは、後者の場合、第Ⅱ項〈説明部〉の記事②と第Ⅲ項の物語群とが不可分な関係にあることで、第Ⅲ項は第Ⅱ項〈説明部〉の記事を立体的に補足・拡大したものということができる。項目として見れば、①②はともに皇子女の出自系譜に付加された説明記事にすぎないが、②に付随する第Ⅲ項の物語からうかがえるように、それぞれ中巻の描く国家形成史の一こまにほかならない。

名代・子代の制定、部の制定、造池などの記事についても、基本的にこれと同様に捉えるべきものである。それは次のような例を通じて確かめることができる。

③　次に印色入日子《いにしきいりびこの》命は、血沼《ちぬの》池を作り、又、狭山《さやまの》池を作り、又、日下《くさか》の高津《たかつの》池を作りき。又、鳥取《ととり》の河上《かはかみの》宮に坐《いま》して、横刀《たち》壱仟《ふり》口を作らしめき。是を石上神宮《いそのかみのかむみや》に奉《まつ》り納《い》れ、即《すなは》ち、其の宮に坐して、河上部《かはかみべ》を定めき。……伊登志和気王《いとしわけのみこ》は、〈子无《な》きに因《よ》

りて、子代《こしろ》として伊登志部《いとしべ》を定めき。〉……　〔中・垂仁〕

④　此の御世《みよ》に、田部《たべ》を定め、又、東《あづま》の淡水門《あはのみなと》を定め、又、膳《かしはで》の大伴部《おほともべ》を定め、又、倭屯家《やまとのみやけ》を定め、又、坂手池《さかてのいけ》を作り、即ち竹を其の堤に植《う》ゑき。　〔中・景行〕

③④はそれぞれ造池・部の制定を含むが、③は垂仁記の第Ⅱ項〈説明部〉、④は「此の御世に」とあるように、第Ⅲ項の記事として記されたものである。いずれも同一範疇に属する歴史的起源を述べたもので、記載箇所の相違は天皇と皇子という主体の差によって生じているにすぎない。第Ⅱ項〈説明部〉の中でもっとも数の多い氏祖注（五〇例）も、それを通じて天皇を中心とした「血族国家」幻想を実現する、すぐれて政治的な営みであり（梅沢伊勢三『記紀批判』）、王権史の構想の一翼を担うものであった。

安寧・開化・景行・応神・敏達の五天皇記に見える計七例の子孫系譜も、一見余剰の情報のようにも見えるが、たとえば開化記第Ⅱ項〈説明部〉に見える日子坐王系譜には、垂仁記の第Ⅱ項および第Ⅲ項に登場する沙本毘古王《さほびこのみこ》・沙本毘売命《さほびめの》、比婆須比売命《ひばすひめの》・真砥野比売《まとのひめ》命・弟比売命《おとひめの》、また曙立王《あけたつの》・菟上王《うなかみの》をはじめとして、垂仁記の第Ⅱ項および崇神記の第Ⅲ項に登場する丹波比古多々須美知能宇斯王《たんばのひこたたすみちのうしの》、景行記の第Ⅲ項に見える神大根王《かむおおねの》、そして仲哀記の第Ⅱ項・第Ⅲ項に語られる息長帯日売命《おきながたらしひめの》などの出自が記述されており、後に展開される歴史の前提として記述されているのである。皇統譜を軸にして展開される歴史といってよい。

　こうした事実は、安寧記の師木津日子命《しきつひこの》系譜に見える蠅伊呂泥《はえいろね》（意富夜麻登久邇阿礼比売命《おおやまとくにあれひめの》）と蠅伊呂杼《はえいろど》とが、それぞれ後に孝霊妃として吉備《きびの》国平定の立役者大吉備津日子命《おおきびつひこの》、若《わか》（日子《ひこ》）建吉備津日子命《たけきびつひこの》を生んでいること、孝元記の比古布都押之信《ひこふつおしのまことの》命系譜に見える建内宿禰《たけうちのすくね》が成務・仲哀・応神・仁徳四代に仕えた大臣として重要な役割を果たしていること、また同記の建内宿禰系譜中に見える葛城長江曾都毘古《かずらきのながえのそつびこ》が仁徳大后石之日売命《いわのひめの》の父として後に語られていること、景行記末尾の倭建命系譜が仲哀の出自を準備するのみならず、仲哀記の反逆物語の主体となる香坂《かごさかの》王・忍熊《おしくまの》王の出自をも提示していること、応神記末尾の若野毛二俣王《わかのけのふたまたのみこ》系譜によって允恭大后忍坂之大中津比売《おしさかのおおなかつひめの》命の出自が提示されていること、そして敏達記の忍坂日子人《おしさかひこひとの》太子系譜が舒明の系譜的立場を保証していることなどの事実を確認すれば、天皇記の第Ⅱ項が中巻のみならず、中下巻全体の歴史の構想と不可分に存在していることが知られよう。

要するに、第Ⅱ項はその中心軸に皇位継承史を据えることで歴史の基本的な骨格を形成し、さらに第Ⅱ項〈説明部〉もしくは第Ⅲ項を通じてさまざまな角度から歴史の構築に直接的に参与するのである。すでに触れたように、武田『古事記研究　帝紀攷』は物語的要素を含む天皇記にあっては第Ⅲ項（武田論のいう第五項）にあるのを「通例とする」ことを指摘していたが、景行記の小碓命（倭建命）の東西平定に見るように、第Ⅱ項と第Ⅲ項とは必ずしも異質なものではない。

中下巻歴史叙述のスタイル

表5に見るように、第Ⅲ項に物語的要素が多く含まれることは確かだが、それは歴史的情報を盛り込む器として、物語という自由度の高い様式が適していたということにすぎないのであって、物語的要素と非物語的要素の相違は実は本質的なものではない。第Ⅲ項に物語的要素とともに非物語的要素による記事も多く認められるのはそのためである。

すでに皇位継承史の形を通じて確かめたように、物語は通常の非物語的な記事によっては十分に意図を実現し得ない場合に、十全な説明を加えるための手法の一つであった。倉野『古事記論攷』が、物語的要素の「殆《ほとん》ど総《すべ》て」は「国家及び皇室に関聯《かんれん》したものである」と述べているように、一般には物語的要素が中下巻の歴史の中心的役割を担うかのように思われがちであるが、確かめてきたように、その中軸を貫くのは非物語的要素によって形作られる皇位継承史なのであり、物語的要素のみを拾い読みすれば『古事記』の歴史が理解されるわけではない。物語的要素も非物語的要素もいずれも『古事記』を形作る要素なのであって、いずれかに重心が置かれているわけではない。まして帝紀・旧辞という素材の相違に由来するわけでないことは、もはやいうまでもあるまい。

皇統譜から歴史へ

『古事記』中下巻の歴史の基軸をなす皇位継承史について、もう少し考察をつづけたい。いったいに、親から子へ、子から孫へ……と世代を重ねてつづいてゆく系譜は、それ自体すでに歴史性を内在しているが、同時に血縁という糸で始原とつながることで現在を保証する機能をもつ。『古事記』がこの保証機能に着目して皇位継承史を構想することは、上巻に皇祖神たる天照大御神《あまてらすおおみかみ》が措定されていることで、すでに明らかである。天皇記という枠組みをもたず、中下巻にくらべて歴史の構築に果たす物語の役割が相対的に大きい上巻にあっても、天照大御神―「太子」正勝吾《まさかつあ》勝々速日天之忍穂耳命《かつかちはやひあめのおしほみみのみこと》―天邇岐志国邇岐志天津日高日子番能邇々藝《あめにきしくにきしあまつひたかひこほのににぎの》命―火遠理《ほおりの》命（天津《あまつ》日高日子穂々手見《ひたかひこほほでみの》命）―天津日高日子波限建鵜葺草葺不合《あまつひたかひこなぎさたけうかやふきあえずの》命―若御毛沼《わかみけぬの》命（豊御毛沼《とよみけぬの》命・神《かむ》倭《やまと》伊波礼毘古《いわれびこの》命）とつながる皇統譜の基本構造が明瞭に読み取れるように構成されているのはそのためである。

しかし、中下巻に目を戻すとき、『古事記』に見る系譜の様態は、単に血統論理のみを重視したとはいいがたい面をもつ。すでに見たように、むしろ血統の連続性を断ち切るように、天皇記ごとに分断されているからである。中下巻に実現されている皇位継承史は、第Ⅱ項〈説明部〉に見える諸種の記事と同様、分断された治世内部における歴史に属すものとして記述されているのであり、したがって、継承の関心は時間を遡源する方向ではなく、次世代に向けられているのである。神武記をはじめ、そこここに皇位継承争いの物語が配置されているのは、こうしたありように連動している。『古事記』の皇位継承史は第Ⅱ項の系譜に基づいて構築されているとはいえ、始原と現在との間を具体的な固有名で埋めることで現在に意味を付与しようとする系譜一般のありようとは異なるのである。

一般に、系譜という形態は、始原と現在とが血統によって繋がれた、その全体に意味があり、そこに連ねられた固有の人物が、それぞれに固有の時間をもつことはない。それは、たとえば埼玉県行田市稲荷山古墳出土鉄剣銘に見える系譜の機能と比較することで明らかである。固有名詞を除き、全体が漢文体で書かれたこの銘文は、やまとことばで読まれることを前提としていないが、その内容は左のごとくである。

辛亥の年七月中に記す。乎獲居臣《をわけのおみ》の上祖、名は意富比垝《おほひこ》、其の児、多加利足尼《たかりすくね》、其の児、名は弓已加利獲居《てよかりわけ》、其の児、名は多加披次獲居《たかはしわけ》、其の児、名は多沙鬼獲居《たさきわけ》、其の児、名は半弖比《はてひ》、／其の児、名は加差披余《かさはや》、其の児、名は乎獲居臣、世々、杖刀人の首と為て奉事し来たりて今に至る。獲加多支鹵《わかたけるの》大王の寺、斯鬼宮《しきの》に在りし時に、吾、天下を左治す。此の百錬の利刀を作ら令め、吾が奉事の根原を記す。

ここでは血統の連続性の提示に意味があるのであって、「上祖」意富比垝《おおひこ》と乎獲居臣《おわけの》との間の人物は単につながりを示すにすぎない。

すでに見たように、『古事記』中下巻の皇位継承次第は、第Ⅱ項〈説明部〉に示されるのを基本とする。継承の連続性という点では、第Ⅱ項は第Ⅰ項と第Ⅳ項とによって分節さ

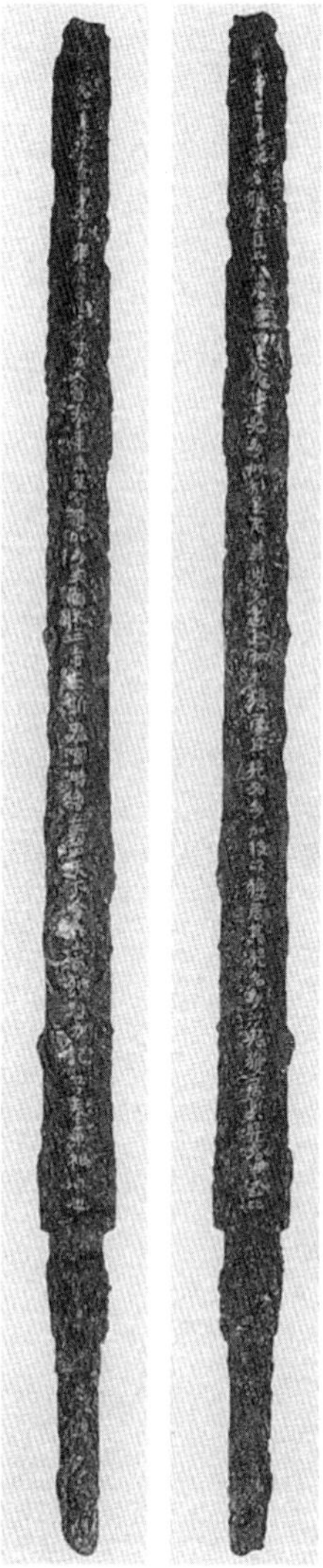

図8　稲荷山古墳出土鉄剣（埼玉県立さきたま資料館所蔵）

れた時間の内部に位置するわけだから、次世代への継承は示し得ても、先帝とのつながりは必ずしも明瞭ではない。表5に見るように、下巻の天皇記冒頭には先帝との続柄を示す記述が認められるが、中巻にはいっさい記述がなく、下巻にあっても仁徳・雄略・武烈記には存在しないので、不安定な要素といわねばならない。しかも、履中記の「子」を除き、当該項目が記述されているのは真福寺本系統の写本のみで、卜部系の写本には存在しない。吉井巌『天皇の系譜と神話　三』は、先帝との続柄は原本に存在したものではなく、書写間に加わったものと推測している。もっとも、真福寺本の下巻については安万侶の手もとに残った草稿本系統のものとする見方もあり（日本古典全書『古事記』）、その場合は元明奏覧本作成段階の未整備な状態ということになるが、奏覧本系統とされる卜部系諸写本には履中記を例外として先帝との続柄の記述は認められないので、いずれにしても先帝との続柄については天皇記本来の要素と捉えることには問題があるといわねばならない。

要するに、いわゆる皇統譜をいったん解体し、天皇によって分節される固有の時間、すなわち〈世〉を定立したうえで、それらの固有の〈世〉の連続・累積として歴史の流れを示そうとするのである。皇位継承史はそれらを縦に並べる時間軸として、是非とも必要な要素であったといってよい。天皇の統治する時間として分節される〈世〉という発想は、漏剋を作り、暦を頒布し、同じ元号の使用を通じて、天皇の生み出す時間秩序を民衆に共有させようとする、律令王権による時空支配の構想と無縁ではあり得ない。帝紀・旧辞は「邦家の経緯、王化の鴻基《こうき》」だとする天武が掲げる序文の理念とも不可分な関係にあるのである。「此の天皇の御世」（崇神・仁徳記）、「此の御世」（崇神記・景行記・仲哀記・応神記・仁徳記・履中記・継体記）、「其の御世」（崇神記・仁徳記）、「是の御世」（崇神）など、しばしば繰り返される「御世」の語は、こうした歴史意識を体現するものといえよう。それは皇統譜からの歴史への飛躍といってよい。編年というシステムによらない『古事記』が採択した歴史叙述のスタイルである。

中下巻の歴史と上巻の歴史

こうした歴史のスタイルによって、描かれた歴史とはどのようなものだったであろうか。

本居宣長の記紀観

かつて本居宣長《もとおりのりなが》は、『日本書紀』を「漢《から》のに似たらむと、勤《ツト》められたるまゝに、意《こころ》も詞《ことば》も、そなたざまのかざりのみ多くて、人の言語物《コトドヒモノ》の実《サネ》まで、上《ツ》代のに違《タガ》へる事なむ多かりける」と酷評する一方、『古事記』については「いさゝかもさかしらを加《クハ》へずて、古《ヘ》より云《ヒ》伝《ヘ》たるまゝに記されたれば、その意《こころ》も事《こと》も言《ことば》も相称《アヒカナヒ》て、皆上《ツ》代の実《マコト》なり」（『古事記伝』一之巻）と高く評価し、国学のバイブルに祭り上げたことは広く知られるところである。漢語と中国思想によって潤色された『日本書紀』に対し、日本古来のやまとことばと固有の思想によって記された『古事記』という二項対立的な宣長の記紀観は、その後の研究史を長く呪縛しつづけたことは記憶にとどめておく必要がある。確かに『古事記』はやまとことばで書かれた歴史ではあるが、そのことと内容との間には直接的な因果関係はない。宣長が『古事記』を「古《へ》より云《ヒ》伝《ヘ》たるまゝ」と考えたのは、稗田阿礼《ひえだのあれ》の誦習《しょうしゅう》を暗誦と同義と捉えたためであるが、すでに確かめたように、天武朝における帝紀《ていき》・旧辞《きゅうじ》の撰録は口と耳によって暗誦されたのではなく、紙と筆によって進められたのである。誦習の意図を「古語を旨《ムネ》とするが故なり」と考えたのはまったく誤った認識であった。

『日本書紀』が中国史書の影響を強く受けていることは、すでに書名から予測されるところであるが、『古事記』にしてもその原形が形作られた天武朝は、浄御原《きよみはら》(律)令《りょう》の編纂が進められていた時期に当たり、また現在の形に整えられたのは大宝《たいほう》律令完成後の元明《げんめい》朝のことである。やまとことばと日本の固有思想で記された『古事記』という命題は、国学者である宣長にとっては必然以上の意味をもつが、宣長の立場を離れれば、中国律令を規範とする国家意識と『古事記』が無縁に成り立ったと考える理由はない。

中巻の描く国家形成史の構想

内容に即して確かめてみたい。『古事記』は上中下巻三巻からなり、上巻は天地の出現した始原の時間から始めて初代天皇出現以前の時代、中巻は神武《じんむ》から応神《おうじん》に至る時代、下巻は仁徳《にんとく》から推古《すいこ》に至る時代を扱う。全体は、有機的に関連する皇位継承史と国家形成史の二つのテーマに貫かれ、王権の由来とその継承、天皇の支配する世界の形成とを語る。宣長の考える日本固有の思想との異質性がもっとも顕著に読み取れるのは、中巻を通じて描かれる天皇支配の世界構造と思われるので、まず中巻の描く国家史の構想から見てゆこう。

すでに触れたところではあるが、中巻冒頭の神武記は次のように開始される。

神倭《かむやまと》伊《い》波《は》礼《れ》毘《び》古《こ》命《のみこと》（注略）と其の伊《い》呂《ろ》兄《ね》五瀬命《いつせのみこと》（注略）との二柱《はしら》、高千穂宮《たかちほのみや》に坐《いま》して議《はか》りて云《い》はく、「何地《いづく》に坐さば平《たひら》けく天下《あめのした》の政《まつりごと》を聞こし看《め》さむ。猶《なほ》、東《ひむがし》に行《ゆ》かむと思ふ」といひて、即《すなは》ち日向《ひむか》より発《た》ちて、筑紫《つくし》に幸行《いでま》しき。

神武東遷《とうせん》と呼ばれるこの物語をめぐっては、その背後に何らかの史実を読み取ろうとするさまざまな試みがなされてきたが、早く津田左右吉『日本古典の研究　上』が指摘したように、この物語はこの後に展開される崇神《すじん》・景行《けいこう》・仲哀《ちゅうあい》記などの版図拡大の物語群と不可分に構想されたものであって、そこから切り離して理解されるべきではない。「何地《いづく》に坐さば平《たひら》けく天下《あめのした》の政《まつりごと》を聞こし看《め》さむ」と明記されているように、日向からの移動は王化をあまねく行きわたらせるにふさわしい皇都を求めてのこと以外ではない。物語の主題は天皇の「坐《いま》」すべき国の中心――皇都倭《やまと》の起源を初代天皇の出現の物語に重ねて語るところにある（前掲矢嶋『『古事記』神武〈東行〉論』）。天皇家の直接の祖先である番能《ほの》邇々藝命《ににぎのみこと》をあえて西偏の地日向に降臨させた上巻の構想は、これと不可分である。その意味では、「天祖」彦火瓊々杵尊《ひこほのににぎのみこと》が「西の偏《ほとり》」に降臨したために「遼邈《とほくはるか》なる地、猶未《なほいま》だ王沢《みうつくしび》に霑《うるほ》はず」として、「六合《くに》の中心《もなか》」である倭《やまと》に皇都をひらく経緯を語る『日本書紀』神武紀の構想と、経緯はともかくとして核心部分は共通する。

皇都の起源譚《たん》である神武東遷の物語を承けて、以下の国家形成史は、王化の領域の拡大という面では、さきに触れた孝霊《こうれい》記第Ⅱ項〈説明部〉の大吉備津日子・若建吉備津日子による吉備国平定を介して、崇神《すじん》記第Ⅲ項に

　此の御世に、大毘古命《おほびこのみこと》は高志道《こしのみち》に遣《つかは》し、其の子建沼河別命《たけぬなかはわけのみこと》は東《ひむがし》の方《かた》の十二《とをあまりふたつ》の道に遣して、其の麻都漏波奴《まつろはぬ》（注略）人等を和《やは》し平《たひら》げしめき。又、日子坐王《ひこいますのみこ》は旦波国《たにはのくに》に遣して、玖賀耳之御笠《くがみみのみかさ》〈此は人名ぞ。（注略）〉を殺さしめき。

と語られる、大毘古命・建沼河別命父子による高志道と東方十二道の平定、そして日子坐

王による旦波国（丹波国《たんば》）平定がつづき、そして景行記の小碓命《おうすのみこと》（倭建《やまとたける》命）による東西平定へとつづいてゆく。

制度面では崇神記の第Ⅲ項に、大物主神の祟りを契機として神々の祭祀の物語が語られるが、この物語は単に大物主神を神の要求にしたがって御諸山の上に祭ったというだけでなく、天神《あまつかみ》・地祇《くにつかみ》の社《やしろ》を制定し、また倭の東西の交通の要所に祭られる宇陀《うだ》の墨坂《すみさか》の神《かみ》と大坂の神をはじめ、坂の御尾《みお》の神・河の瀬の神に至るまで「悉《ことごと》く遺《のこ》し忘るること無く」幣帛《へいはく》を奉納したことによって、疫病の終息と国家の安平とを得たという結末を描くのであり、その趣旨は神祇制度の起源を語るところにある。さらにまた、崇神記第Ⅲ項末尾には、大毘古命と建沼河別命による高志道と東方十二道の平定を承《う》けて、

是《ここ》に、初めて男の弓端《ゆはず》の調《つき》・女の手末《たなすゑ》の調を貢《たてまつ》らしめき。

とあるように、神祇制度の起源と並んで税制の起源とが描かれるのである。王化の領域の拡大および国家制度の両面で、崇神朝は国家の基盤がはじめて整った時期とされているのである。「初国《はつくに》を知らす御真木天皇《みまきのすめらみこと》」という称辞はこうした歴史を承けてのものであり、決して初代天皇を意味するわけではない（矢嶋泉「ハツクニシラススメラミコト」）。

すでに見たように、小碓命（倭建命）の事績は景行記第Ⅱ項と第Ⅲ項とに分かれて記述

されているが、第Ⅲ項に具体的に語られる平定・討伐の対象は、「西の方」にある熊曾建《くまそたける》二人、その帰路の山の神・河の神・穴戸神《あなとのかみ》と出雲建《いずもたける》、そして「東の方の十二道」の「荒《あら》夫琉《ぶる》神と摩都楼波奴人等《まつろはぬひとども》」・「山河の荒ぶる神と伏《したが》はぬ人等《ひとども》」・「荒夫琉蝦夷等《あらぶるえみしども》」などであり、第Ⅱ項にいう「東西の荒ぶる神と伏《したが》はぬ人等《ひとども》とを平げき」という記述は、西の異民族である熊曾、東の異民族である蝦夷をも含む国内全域にわたる王化の物語であったことが知られる。同じ景行記第Ⅱ項に語られる「其より余《ほか》の七十七の王《みこ》は、悉《ことごと》く国々の国造《くにのみやつこ》と、亦《また》、和気《わけ》と稲置《いなぎ》・県主《あがたぬし》とに別《わ》け賜《たま》ひき」という皇子分封の構想は、小碓命（倭建命）の東西平定と一体なのである。さらにまた成務《せいむ》記の第Ⅲ項に「故《かれ》、建内宿禰《たけうちのすくね》を大臣《おほおみ》として、大国《おほくに》・小国《をくに》の国造《くにのみやつこ》を定め賜ひ、亦、国々の堺《さかひ》と大県《おほあがた》・小県《をあがた》の県主《あがたぬし》とを定め賜ひき」と語られる、行政区画の整備や大小の国々の国造・県主任命の記事が小碓命（倭建命）の東西平定を承けて記述されていることはいうまでもない。

そして小碓命（倭建命）による国内王化の歴史を承けて、仲哀《ちゅうあい》記第Ⅲ項では息長帯《おきながたらし》日《ひ》売《め》命による新羅《しらぎ》・百済《くだら》征討の物語が語られるが、物語の趣旨は新羅国王の「今より以後《のち》、天皇《すめらみこと》の命《みこと》の随《まにま》に、御馬甘《みまかひ》として、年毎《ごと》に船を双《なら》べて、船腹《ふなばら》を乾《ほ》さず、柁檝《さをかぢ》を乾さず、天地と共に、退《や》むこと無く仕《つか》へ奉《まつ》らむ」という服属の誓詞に示されているように、新羅・百済の服属と朝貢の起源とを語るのである（神野志隆光『古事記の世界観』）。

息長帯日売命の新羅・百済征討の物語を承けて、応《おう》神《じん》記第Ⅲ項には、新羅人の渡来、百済王による論語・千字文《せんじもん》、韓鍛卓素《からかぬちたくそ》、呉服《くれはとり》の西素《さいそ》の貢上、阿知吉師《あちきし》・和邇吉師《わにきし》の渡来、秦 造《はたのみやつこ》の祖・漢 直《あやのあたい》の祖、醸造技術を知る須々許理《すすこり》などの渡来が語られ、国内のみならず朝貢国をも従えた〈小帝国〉の支配者として天皇が屹《きつ》立《りつ》する経緯を語るのである。世界の中心たる皇都の起源から語り起こして、その周囲への王化の拡大が語られ、その外側の王化に浴さない異民族の平定と朝貢国の起源が語られるというように、中巻を通じて具現される世界の構造は、中国皇帝支配のそれを写し取ったものにほかならない。

図9　『古事記』の世界構造

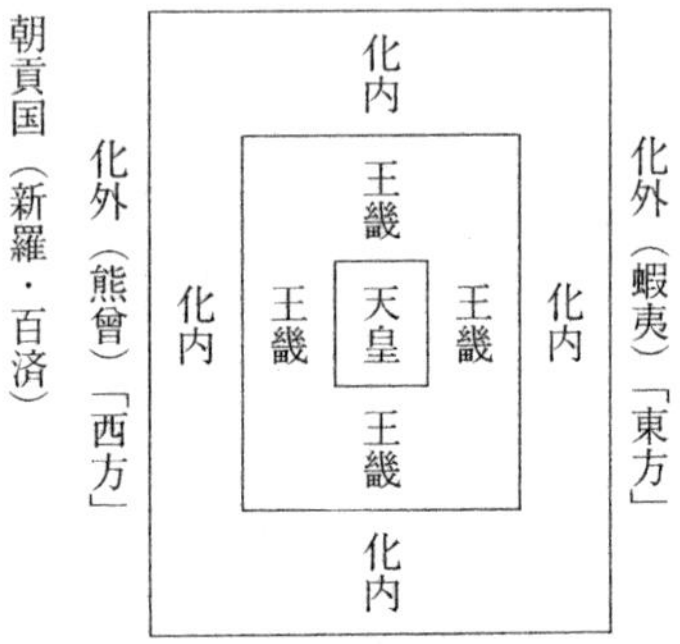

上巻の歴史と中巻の歴史

上巻では中巻の歴史を保証する神話的根拠として、国土の形成と王権の由来とが描かれる。前者は伊耶那岐《いざなき》・伊耶那美《いざなみ》両神による国生み・神生みの物語と大国主神《おおくにぬしのかみ》による国作り、後者は天照大御神《あまてらすおおみかみ》の天石屋《あめのいわや》ごもりと番能邇々藝《ほのににぎの》命の降臨の物語を軸として語られる。前者を一貫するのは天神《あまつかみ》の委任によるとする基本構造で、その結果、国土は王権の所有に委ねられることになる。

一方、王権の由来・根拠を語るうえでもっとも重要な意味を担うのは、いわゆる三貴子の分治における須佐之男《すさのおの》命の涕泣《ていきゆう》、および天照大御神の天石屋ごもりの物語である。前者は、父伊耶那岐《いざなきの》大神が天照大御神・月読《つくよみの》命・須佐之男命にそれぞれ高天原《たかあまのはら》・夜之食《よるのおす》国《くに》・海原《うなはら》の領有支配を命じた際、須佐之男命だけは「命《おほ》せらえし国を治めずて、八挙須《やつかひげ》心《こころ》前《さき》に至るまで、啼《な》き伊佐知伎《いさちき》」、すなわち成人するまで泣きわめくばかりであったことが語られるのだが、その結果、地上世界には次のような混乱が引き起こされたと語られる。

是《ここ》を以て、悪《あ》しき神の音《こゑ》、狭蝿《さばへ》の如く皆満ち、万《よろづ》の物の妖《わざはひ》、悉《ことごと》く発《おこ》りき。

一方、天照大御神の天石屋ごもりに際しても右と同様の混乱が出来《しゅったい》したと語られている。

爾《しか》くして、高天原《たかあまのはら》皆暗く、葦原中国《あしはらのなかつくに》悉《ことごと》く闇《くら》し。此《これ》に因《よ》りて常夜《とこよ》往きき。是《ここ》に、万《よろづ》の神の声は狭蝿なす満ち、万の妖は悉《ことごと》く発《おこ》りき。

前者では須佐之男命が「命《おほ》せらえし国を治め」なかったことによって、後者では天照大御神の不在によって、それぞれ世界の混乱が引き起こされたというのであり、要するに二つの物語を通じて、この世界における統治者の存在理由を神話的に語るのである（矢嶋泉

「悪神之音如狭蠅皆満　万物之妖悉発」）。それとともに、後者では天照大御神の不在がもたらす秩序が高天原のみならず葦原中国《あしはらのなかつくに》に及ぶことが示される（神野志隆光『古事記の達成』）。文脈上、この時点で葦原中国は統治者不在の空間として設定されており、当然、そこには統治者が満たされねばならないが、後者は地上世界の支配者が天照大御神の血筋に連ならねばならない神話的根拠とされているのである。

かくて、大国主神による国作りの物語の終焉を承けて、天照大御神の「太子」と明記される正勝吾勝々速日天之忍穂耳命《まさかつあかつかちはやひあめのおしほみみの》の地上世界への降臨の物語がそれにつづくが、忍穂耳命の降臨は文脈上、天照大御神の次のことばによって保証されている。

天照大御神の命以《みこともち》て、「豊葦原千秋長五百秋水穂国《とよあしはらのちあきのながいほあきのみづほのくに》は、我《あ》が御子正勝吾勝々速日天之忍穂耳命の知らさむ国ぞ」と言因《ことよ》さし賜《たま》ひて、天降《あまくだ》しき。

これは天皇支配が天の委任にあるとする思想を神話的に表現したものにほかならないが、その根拠となるのが須佐之男命の涕泣と天照大御神の天石屋ごもりの物語なのである。ただし、忍穂耳命の降臨は葦原中国の騒擾《そうじよう》状態を鎮めるために一端中止され、建御雷《たけみかづちの》神による葦原中国の平定と大国主神《おおくにぬしの》の国譲りの物語とが挿入され、実際に降臨する際には忍穂耳命の子天邇岐志国邇岐志天津日高日子番能邇々藝命《あめにきしくににきしあまつひたかひこほのににぎの》への交替が語られる。この交替については、降臨の本来の主体が番能邇々藝《ほのににぎの》命であったためとする形成史的視座からの説明が通説化しているが（三品彰英《みしなしようえい》『日本神話論』）、『古事記』の文脈に即していえば、むしろ地上世界の領有権・支配権が「太子」の子に継承され得ることを示すところに意味があったと捉えるべきであろう。物語の文脈によって保証され、付与された資格が、もし当該者のみに限定されるのだとすれば、以下に展開される皇位継承史自体が成立しないからである。さらにいえば、天之忍穂耳命の代を皇統に付加することを通じて、邇々藝命を血統的に保証する図10のような強力な系譜関係が実現されていることも軽視できない。

中巻の歴史への上巻の関与

ところで、上巻世界に登場する神々は、しばしば中巻に語られる物語中に現れて、中巻の描く国家形成史に関与する。

神武記第I項に当たる東遷の物語においては、天照大御神・高木神（高《たか》御産巣日神《みむすひのかみ》の別名）が熊野の高倉下《たかくらじ》を通じて、葦原中国平定の際に建御雷神が所持した横刀を神武に与え、また高木大神は八咫烏《やたがらす》を先導役として遣《つか》わしている。また、右に触れたように同記第II項に相当する大后選定の物語では、神武の大后伊須気余理比売《いすけよりひめ》

図10　番能邇々藝命の出目

命《みこと》は大国主神の国作りの協力者として現れた大物主神の「御子」であったことが語られ、また崇神記には同じ大物主神が祭祀を要求して現れ、大物主神および諸神の祭祀を通じて国家は安平を得たことが語られている。

さらに、垂仁《すいにん》記第Ⅲ項には葦原色許男大神《あしはらしこおのおおかみ》（大国主神）の「我《あ》が宮を修理《つく》りて、天皇の御舎《みあらか》の如くせば、御子、必ず真事登波牟《まこととはむ》」という教示を得て、本牟智和気御子《ほむちわけのみこ》がことばを発するようになったという物語が見える。この「修理」は文字どおり修繕の意とするのが通説であるが、西宮一民「古事記訓詁二題」に詳細な考証があるように、「修理」には「新作」を意味する例もあり、慎重に判断する必要がある。上巻の国譲りの物語において、大国主神は国譲りの条件として垂仁記に類似した次のような要求を出しているが、上巻の文脈を辿るかぎり、大国主神の要求は実現されていないからである。

唯《ただ》に僕《やつかれ》が住所《すみか》のみは、天神御子《あまつかみのみこ》の天津日継《あまつひつぎ》知らす、登陀流《とだる》（注略）天の御巣《みす》の如くして、底津石根《そこついはね》に宮柱布斗斯理《みやばしらふとしり》（注略）、高天原《たかあまのはら》に氷木多迦斯理《ひぎたかしり》（注略）て治《をさ》め賜《たま》はば、僕は百足《ももた》らず八十坰手《やそくまで》に隠《かく》りて侍らむ。

国譲りの物語では、この後に「天の御舎《みあらか》」が作られ、そこで葦原中国平定の使者建御雷神らに「天の御饗《みあへ》」が献上されているが、この「天の御舎」は食物共献儀礼（食物を献上して服属を誓う儀礼）のために大国主神が建てた施設であることが文脈上明らかで、要求に応じて建てられた大国主神の「住所《すみか》」（現在の出雲大社）をさすと捉えることはできない（矢嶋泉「『古事記』〈国譲り神話〉の一問題」）。要するに、大国主神の右の要求は上巻では実現していないのである。

崇神記における「意富多々泥古《おほたたねこ》を以て、我《あ》が前《まへ》を祭らしめば、神の気《け》起こらず、国も亦《また》安らけく平らけくあらむ」という大物主神の要求が、上巻において大国主神に対して「御《み》諸山《もろのやま》の上に坐《いま》す神」（大物主神）が示した要求――「能《よ》く我《あ》が前《まへ》を治《をさ》めば、吾《あれ》能《よ》く共与《とも》に相作《あひつく》り成さむ。若《も》し然《しか》らずは、国成ること難《かた》けむ」――に対応することから考えれば、崇神記の大物主神の物語と垂仁記の葦原色許男大神の物語とは、ともに上巻での神の要請を実現する物語と捉えることが可能なのである（前掲矢嶋「『古事記』の大物主神」）。

神武の大后が大物主神の「御子」であることを語る神武記の大后選定の物語、そして崇神・垂仁両記に語られる大物主神と葦原色許男大神は、中巻の国家形成史が上巻によって保証されていることを示すものと考えられるのである。

景行《けいこう》記第Ⅲ項に語られる小碓命（倭建命）の熊曽《くまそ》征討の物語では、垂仁記第Ⅱ項に「倭《やまと》比《ひ》売《めの》命は、〈伊勢大神宮を拝《をろが》み祭りき。〉」と記されている倭比売命から賜った「御衣《みけし》」・

「御裳《みも》」によって女装し、「剣《つるぎ》」によって熊曾建《くまそたける》二人を討誅し、また東征に際しては「伊《い》勢大御神《せのおほみかみ》の宮」を参拝し、倭比売命から「草那藝剣《くさなぎのつるぎ》」と火打ち石の入った「御嚢《みふくろ》」とを賜っている。相模国造《さがみのくにのみやつこ》の策略で野火に取り巻かれたとき、草那藝剣で身辺の草を刈り払い、火打ち石で「向ひ火」をつけて助かった物語はあまりにも有名であるが、最終的に美《み》夜受比売《やずひめ》のもとに草那藝剣を置いたまま「伊服岐能山《いぶきのやま》の神」を殺しに出かけて死に至ったように、『古事記』における小碓命（倭建命）の東西平定の物語は、伊勢神宮（天照大御神）の神威を背景に語られていることが明らかである。

　また、仲哀記の第Ⅲ項に語られる息長帯《おきながたらし》日売《ひめの》命の新羅・百済征討の物語では、品陀和《ほむだわ》気《けの》命（後の応神）を胎中に宿した息長帯日売命に天照大神および底箇男《そこつつのお》・中箇男《なかつつのお》・上箇男《うわつつのお》の三神（住吉大神）が憑依《ひょうい》して、「西の方《かた》に国有り。金《くがね》・銀《しろかね》を本《もと》として、目の炎耀《かかや》く種々《くさぐさ》の珍《めづら》しき宝、多《あま》た其の国に在《あ》り。吾《あれ》、今其の国を帰《よ》せ賜《たま》はむ」という託宣と、「凡《おほよ》そ、此の国は、汝命《ながみこと》の御腹《みはら》に坐《いま》す御子の知らさむ国ぞ」という託宣を下している。前者は朝貢国新羅・百済の帰服を保証して〈小帝国〉の構想を実現するものであり、後者は皇帝の地位に相当する地位に品陀和気命《ほむだわけの》がつくことを保証するものである。

　上巻と中巻との関係は密接・不可分であり、上巻によって保証される中巻の国家形成史という構図が、鮮明に読み取れるように構想されているのである。

下巻の歴史

『古事記』成立当時の王権に直接つながる時代を扱う下巻は、中巻で実現された〈小帝国〉とその支配権の継承を軸に展開されるものと一応おさえることができる。しかし、允恭《いんぎょう》記第Ⅲ項に「天下の八十友緒《やそとものを》の氏姓《うぢかばね》を定め」たとする記事を除けば、「政治上、文化上、社会上の業績や制度的起源をかたろうとした話」は見当たらず（西郷信綱『古事記研究』）、また王土の拡大を語る記事も存在しないので、上・中巻を通じて描かれる露骨ともいえる国家史の構想にくらべ、なかなか捉えにくいところがある。

反逆物語が多く認められることに着目して、下巻では上中巻で確定した天下の継承のみが問題となるとする見解もあるが（前掲神野志『古事記の世界観』）、少なくとも允恭記に氏姓正定という国家制度にかかわる記事がある以上、下巻が上巻・中巻を通じて構想する国家形成史とどのようにつながるのかについて、もう少し立ち入って考えてみる必要があるように思われる。確かめてきたように、『古事記』の構想する歴史の中軸には皇位継承史が据えられているのだから、下巻に継承問題が存在するのはむしろ当然なのである（下巻の皇位継承史については、章を改めて検討する予定である）。

反逆物語に見る下巻の特質

国家形成史の側面から下巻の主題をひとことで要約すれば、王臣秩序の形成・確立ということができるだろう（矢嶋泉「『古事記』下巻試論」）。

中・下巻における反逆物語の質的な差違に着目しながら、その点を確かめてゆこう。たとえば、下巻・履中《りちゅう》記第Ⅲ項に見える墨江中王《すみのえのなかつみこ》の反逆物語は次のような内容からなる。

1　大嘗祭の酒宴で、酔った履中が寝込んでいる間に、弟の墨江中王が履中を殺害しようとし、大殿に火を放つ。履中は阿知直に救出されて、石上《いそのかみ》神宮に逃れる。

2　次弟の水歯《みずは》別命《わけのみこと》（後の反正《はんぜい》）が参上するが、履中は反逆心を持つのではないかと疑い、墨江中王を殺害してくれれば信用しようと伝える。

3　水歯別命は難波に引き返し、墨江中王に近習する隼人曾婆訶理《そばかり》に、自分が天皇になった際には大臣として取り立てることを条件に、墨江中王を殺害させる。

4　首尾よく墨江中王の殺害に成功した曾婆訶理に対し、水歯別命は「曾婆訶理は、吾《あ》が為《ため》に大き功《いさを》有れども、既《すで》に己《おの》が君を殺しつること、是《これ》義《ことわり》ならず。然《しか》れども、其の功《いさを》を賽《むく》いずは、信《まこと》無しと謂《い》ひつべし。既に其の信《まこと》を行《おこな》はば、還《かへ》りて其の情《こころ》に惶《おそ》りむ。其の功を報ゆとも、其の正身《ただみ》を滅《ほろぼ》さむ」として、大臣位を授けた直後に、曾婆訶理を殺害し、履中に復命する。

中巻には見られない要素として注目されるのは、物語中に墨江中王の近習者曾婆訶理が登場し、しかも、その立場や行動が4で重く取り沙汰されていることである。反逆物語に臣下が介在する例は、中巻にも崇神記第Ⅲ項の建波邇安王《たけはにやすのみこ》の反逆物語に登場する日子国夫玖命《ひこくにぶくのみこと》、仲哀記第Ⅲ項の香坂《かごさか》・忍熊《おしくまの》王の反逆物語に登場する難波根子建振熊《なにわねこたけふるくまの》命などの例があるが、彼らはいずれも天皇の意を体して反逆者を討伐する無個性な代行者にすぎず、それぞれを天皇自身に置き換えても物語の質を左右することはない。彼らと曾婆訶理が決定的に異なるのは、彼の意志が天皇の意志と等価でなく、あくまで曾婆訶理個人のものであり、物語中に〈個〉を確立している点である。少なくとも、ここにいるのは王権の内に含み込まれた無個性な代行者ではなく、〈個〉としての臣下である。

こうした臣下を描いたうえで、『古事記』は「義」と「信」という極めて儒教的な倫理観を軸として曾婆訶理を処遇する。すなわち、「信」によって約束どおり大臣の位を与え、しかし「義」に反するとして曾婆訶理の頸《くび》を斬るのである。このように、儒教的な規範を前提として臣下の行動に対する評価や処遇に筆が及ぶ例は中巻の反逆物語には認められず、逆にいえば、それが下巻の反乱物語を特徴づける要素といってよい。

同様の事例は下巻のあちこちに見いだすことができる。仁徳記第Ⅲ項の速総別王《はやぶさわけのみこ》と女《め》鳥王《どりのみこ》の反逆物語で、速総別王と女鳥王の討伐に派遣された将軍山部大楯《やまべのおおたて》は、殺害した女鳥王の玉鈕《たまくしろ》を奪って自らの妻に与えるが、後日、発覚して「其の王等《みこたち》、礼無《ゐや》きに因《よ》りて、退《しりぞ》け賜《たま》ひつ。是《こ》は異《け》しき事無し。夫《そ》の奴《やつこ》や、己《おの》が君の御手《みて》に纏《ま》ける玉鈕《たまくしろ》を、膚《はだ》も熅《あたた》けきに剥《は》ぎ持ち来て、即《すなは》ち己が妻《め》に与へつ」として大后石之日売命《いわのひめのみこと》によって死刑に処せられる。この例にも共通して見られるのは、反逆物語の前提として第一義的に設定される天皇―反逆者の関係のほかに、君―臣の関係が同等のレベルで問われていることである。仁徳記の例に明記されているように、天皇―反逆者の関係は「礼無《ゐや》し」と評価され、中下巻を通じて反逆者には死という結末が与えられている。他方、君―臣の関係では、天皇の代行として「礼無き」反逆者を討つ場合であっても、それとは別に相手の身分、相手との関係において臣下の取るべき態度が問われているのである。

具体的な引用は控えるが、允恭記第Ⅴ項の軽太子《かるのみこ》追放の物語における大前小前宿禰《おおまえおまえのすくね》、安康記第Ⅴ項の目弱王《まよわのみこ》の安康暗殺の物語における都夫良意富美《つぶらおおみ》なども、右と同じ君臣秩序のありようを説く物語に加えることができる（前掲矢嶋「『古事記』下巻試論」参照）。

王臣秩序

天皇の存在を前提として君臣関係のありようを問う物語や記事は、反逆物語に限られるわけではない。たとえば雄略記の第Ⅲ項に語られる若日下部王求婚の物語（物語の内実は第Ⅱ項の補足である）において、天皇の住まいと類似の棟飾りを施した家屋を目にした雄略は、「奴《やつこ》や、己《おの》が家を天皇《すめらみこと》の御舎《みあらか》に似せて造れり」と怒り、直ちに火をつけようとする。建物の主志幾《しき》の大県主《おおあがたぬし》は「奴《やつこ》にし有れば、奴随《なが》ら覚《さと》らずして、過《あやま》ち作れるは甚畏《いとかしこ》し」と陳謝して奉納物を献上する。ここに示されているのはいうまでもなく天皇―臣下の関係である。『古事記』の場合、常に前提とされているのは天皇の存在であるので、君臣秩序というよりもむしろ王臣秩序の問題というべきである。

こうした儒教的倫理観を背景とした秩序の問題は、単に臣下の側のみを規制するわけではない。履中記の墨江中王《すみのえのなかつみこ》の反逆物語において糾弾されたのは、反逆を企てた主体墨江中王と君臣関係に背いた曾婆訶理《そばかり》とであったが、その曾婆訶理に墨江中王の殺害をもちかけた水歯別命《みずはわけのみこと》もまた曾婆訶理との間の〈信〉に強く拘束されていたことを忘れるべきではない。近親相姦事件によって追放された木梨之軽太子《きなしのかるのみこ》（允恭記）、臣下の讒言《ざんげん》を信じて大日下王《おおくさかのみこ》を殺害したばかりか、その妻をも奪い取って自らの皇后とし、さらに神聖な「神《かむ》床《どこ》」での昼寝のさなかに大日下王の遺児目弱王《まよわのみこ》に暗殺された安康（安康記）、結婚の約束を忘れて八〇年の歳月を独身のまま過ごさせた赤猪子《あかいこ》を憐れみ、「心の裏《うち》」に約束を果たそうとする雄略（雄略記）、父の仇である雄略の陵を破壊するよう命じた顕宗に対して、兄意祁命《おけのみこと》が「従父《をぢ》と為《あ》り、亦《また》、天下《あめのした》を治めし天皇《すめらみこと》」である雄略の陵を「単《ひとへ》に父の仇《あた》という志《こころざし》」によって破壊すれば「後の人、必ず誹謗《そし》らむ」と諭《さと》して、ほんの一部を破壊するにとどめた物語（顕宗記）などに見るように、王臣秩序の前提とされる儒教倫理は天皇や皇族をも強く規制するのである。

中巻における天皇を規制するのは、神の神託を信じず、逆に神を罵倒したことによって死ぬ仲哀（仲哀記）の例が象徴するように、神との関係のみに限られていることと対照すれば、下巻の異質性は明らかである。

要するに下巻が担う国家史にかかわる主題は、上中巻を通じて語られる王化の領域面の完成を承けて、その内側に属する天皇・皇族・臣下・民衆のあるべき秩序を語るところにあったといえる。民衆の竈《かまど》から炊煙が発たないのを見て税を免除したという極めて儒教的な「聖帝」仁徳から下巻が開始されるのはそのためであるし、允恭記第Ⅲ項に記される氏姓の正定が記されるのも、王臣秩序の確立を主題とする下巻固有の構想に即したものなのである。同様に、継体記第Ⅲ項に見える「竺紫君石井《つくしのきみいはゐ》、天皇の命に従はずして、礼無《ゐや》きこと多し。故、物部荒甲《もののべのあらかひ》之《の》大連《おほむらじ》・大伴《おほとも》之《の》金村連《かなむらのむらじ》の二人を遣《つか》はして、石井《いはゐ》を殺しき」という小さな記事も、実際に継体朝に起こった事件であったという理由もさることながら、下巻の構想にふさわしい記事としてむしろ選択的に記述されたものというべきであろう。崇峻が蘇我馬子によって殺害された事件を記さないのも、もちろん意図的な排除である。

念のために付言すれば、小碓命《おうすのみこと》（倭建《やまとたけるの》命）の熊曾《くまそ》征討が「西の方に熊曾建《くまそたける》二人有り。是《これ》、伏《したが》はず礼《ゐや》無き人等《ひとども》ぞ。故《かれ》、其の人等を取れ」という景行の命によって行なわれているように（景行記）、王臣関係が中巻で問題とされていないわけではない。しかし、熊曾征討の物語で意図されているのは化外《かがい》の異民族の王化であって、下巻のそれとは質を異にする。神武記の皇都の起源、孝霊記および崇神記に語られる化内の拡大を承け、また仲哀記に語られる朝貢国の起源の前史として小碓命（倭建命）による東西の平定の物語は存在するのであり、あくまでも天皇の支配する世界の構造の問題なのである。

上中下巻の関係

以上、中下巻の天皇記のスタイルに着目しつつ、史書としての『古事記』が、どのような方法でどのような歴史を盛り込もうとしたのかを概観してきたが、要するに『古事記』上中下巻は、皇位継承史を基軸として、それに国家形成史を有機的に絡ませながら王権史・国家史を形作るということができる。上中下巻の

図11　上中下巻の歴史

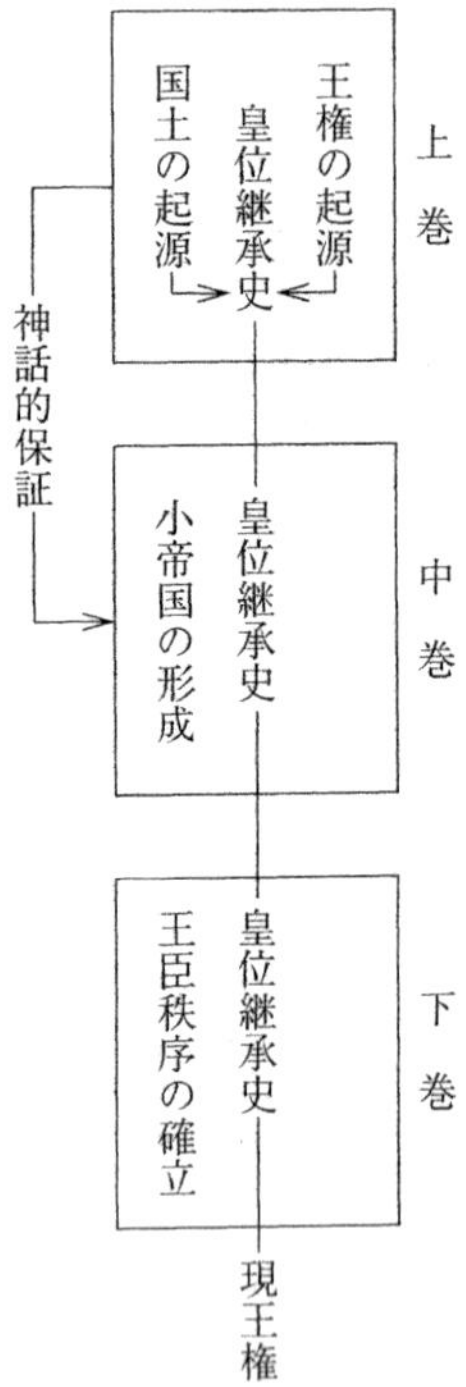

関係を図示すれば、おおよそ図11のようになろう。

ただし、このように確かめて見ても、なぜこうした歴史が天武朝あるいは元明朝に必要とされたのかという点については、ほとんど何一つ明らかにならない。『古事記』の成立事情については、天武朝あるいは元明朝の事情を考慮しつつ、皇位継承史そのものに光を当てて考察する必要がある。

次章では中下巻の皇位継承史に着目しつつ、『古事記』成立の問題を考えてみたい。

皇統譜から見た『古事記』

イリヒコの歴史とタラシヒコの歴史

皇統譜改変の痕跡

前章に概観した歴史の構想は、しかし、もともと現在見るような形に整えられていたわけではなく、『古事記』成立の最終段階に固まったものと見られる。なぜなら、皇統譜の一部に上中巻の構想に合わせて小さくはない改変が加えられた痕跡が認められるからである。もちろん、『古事記』は最終的な構想にそって整えられているわけだから、そもそも現行の形で読まれることが期待されており、またそのように仕組まれている。敢えて前段階の姿を読み解く必要はないのだが、改変は皇統譜のみならず歴史の構想と不可分に行なわれた痕跡を残すため、改変前の歴史と現行のそれとの構想の相違が確認できるばかりでなく、現行の歴史への改変の意図も知ることができる。以下、変改の跡を具体的に辿りながら、新旧の歴史の構想の違いを確かめてゆこう。

さて、イリヒコの歴史、タラシヒコの歴史とは、それぞれ水野祐《ゆう》『増訂日本古代王朝史論序説』が和風諡号《しごう》に基づいて区分したイリ・タラシをもって特徴づけられる崇神《すじん》（ミマキイリヒコイサチ）・垂仁《すいにん》（イクメイリヒコイニヱ）の二代、景行《けいこう》（オホタラシヒコオシロワケ）・成務《せいむ》（ワカタラシヒコ）・仲哀《ちゅうあい》（タラシナカツヒコ）の三代に語られる記紀の歴史をさす。ここにいう歴史とは、もちろん『古事記』および『日本書紀』の構想する歴史であって、水野論が想定するような実体的な王朝交替の歴史とは次元を異にする。

なお、考察の直接の対象は『古事記』の皇統譜と歴史の構想とであるが、行論上『日本書紀』との比較が不可欠である。以下、『日本書紀』の歴史の展開をも考慮しつつ考察を進めてゆくこととする。

皇統譜の矛盾

さて、さしあたりイリヒコでもタラシヒコでもない、孝元《こうげん》記第Ⅱ項〈説明部〉の建内宿禰《たけうちのすくね》系譜と仁徳《にんとく》から雄略《ゆうりゃく》に至る皇統譜に注目することからはじめたい。そこに見いだされる世代的な矛盾に着目することで、問題の所在を展望したいからである。

図12　建内宿禰系譜と皇統譜

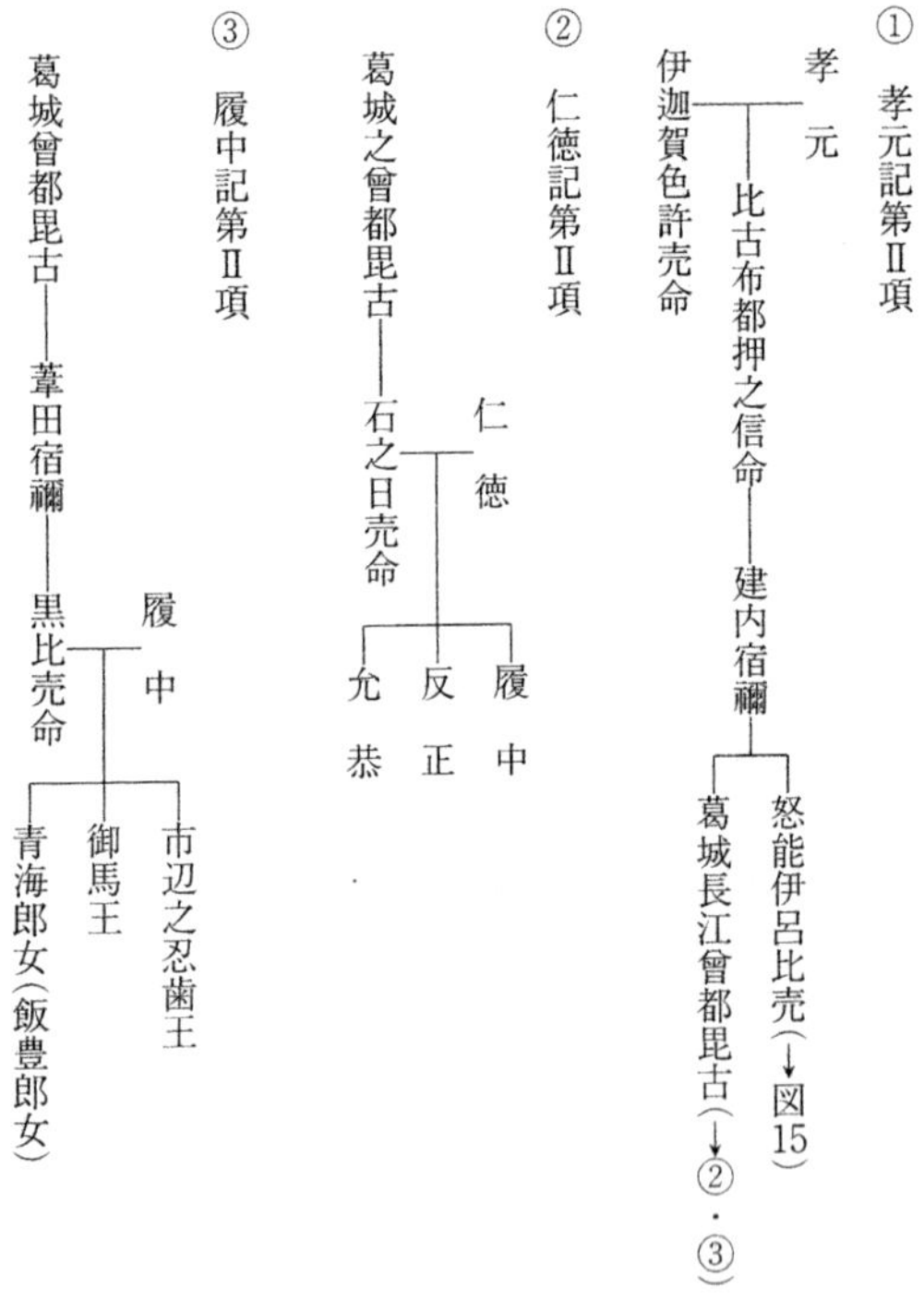

まず、必要部分を『古事記』によって抽出して示そう。
図12を通じて建内宿禰（実質的には葛城長江曾都毘古《かずらきのながえのそつびこ》）の後裔から石之日売命《いわのひめのみこと》・黒比売《くろひめの》命の二人が皇妃となっていることが知られるが、注目されるのは孝元皇孫に当たる建内宿

禰の後裔系譜と皇統譜の間に世代的なずれが認められる点である。関係を明示するために両系譜を統合した形を図13に示そう。

図13によれば、孝元を起点として開化と比古布都押之《ひこふつおしの》信命《まことのみこと》とに分岐した系譜は、仁徳とその大后石之日売命との間に四世代のずれが生じている。さらに興味深いのは、四世代のずれがそのまま履中《りちゅう》とその妃黒比売命の関係にも持ち越されている点である。

拡大する矛盾

建内宿禰の孫・曾孫《そうそん》の世代に認められる皇統譜との間の平行的な四世代のずれは、さらに前後に拡大して子および玄孫《げんそん》の世代にも波及する可能性を見せる。図12①に建内宿禰の子として見える怒能伊呂比売《ののいろひめ》は、四世代のずれから見て応神《おうじん》の世代に位置づけられると予測されるが、果たして応神の后妃中には名前の酷似した葛城之野伊呂売《かずらきののいろめ》が見えるのである（応神記第Ⅱ項）。石之日売命、黒比売命とつづく后妃は、

図13　孝元記第Ⅱ項＋仁徳記第Ⅱ項＋履中記第Ⅱ項

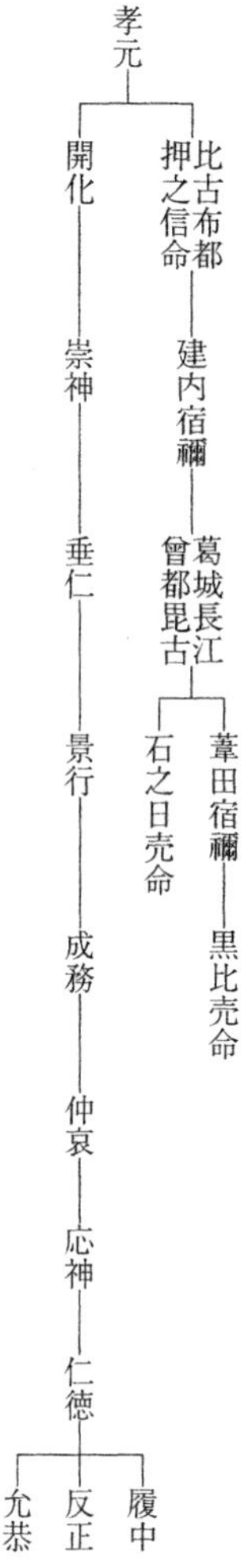

図14　孝元記第Ⅱ項＋仁徳記第Ⅱ項＋履中記第Ⅱ項＋『公卿補任』

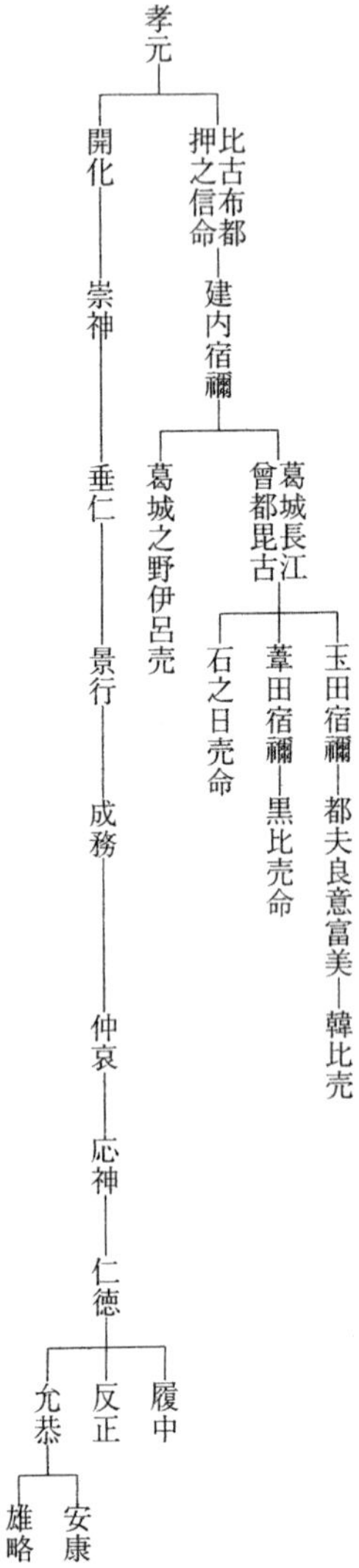

「葛城之曾都毘古《かづらきのそつびこ》が女《むすめ》、石之日売命《いはのひめのみこと》」（仁徳記）、「葛城之曾都比古が子、葦田宿禰《あしだのすくね》が女《むすめ》、名は黒比売命《くろひめのみこと》」（履中記）と、葛城氏出身であることが明記されているが、野伊呂売《ののいろめ》に冠せられた「葛城之」は彼女もまた葛城氏出身であることを示すと見られる。怒能伊呂比売《ののいろひめ》と葛城之野伊呂売《かづらきののいろめ》とは末尾の呼称（メ—ヒメ）を異にするとはいえ、基本的要素は共通しており、同一人物である可能性は高い。

さらに黒比売命の次の世代に目を向けると、葛城氏出身の皇妃に雄略妃韓比売《からひめ》が存在する。雄略記には「都夫良意富美《つぶらおほみ》が女《むすめ》、韓比売《からひめ》」とあるのみだが、『公卿補任《くぎょうぶにん》』には「葛城円使主《かづらきのつぶらおみ》……武内宿禰《たけうちのすくね》が曾孫《ひひこ》、葛城襲津彦《かづらきのそつびこ》が孫《うまご》、玉田宿禰《たまたのすくね》が子なり」と見え、これによれば都夫良意富美《つぶらおおみ》の子である韓比売《からひめ》も雄略との間に四世代のずれが認められることになる（図14参照）。ちなみに、『日本書紀』には履中妃黒比売命の出自に関して「羽田矢代宿《はたのやしろのすく》禰《ね》が女、黒媛《くろひめ》」（履中即位前紀）と「葦田宿禰《あしたのすくね》が女《むすめ》、黒媛《くろひめ》」（履中紀元年七月壬子条）、また玉田宿禰《たまたのすくね》についても「葛城襲津彦《かづらきのそつびこ》が孫《うまご》、玉田宿禰《たまたのすくね》」（允恭《いんぎょう》紀五年七月己丑条）と「葛城襲津彦が子、玉田宿禰」（雄略紀七年是歳条注）の、それぞれ異なる二つの所伝が見え、混乱が認められる。

さて、応神から雄略の四代にわたる構造的な隔世異世代婚は常識的にはあり得ない関係といえるが、記紀はこうした異常な事態を解消する方策として建内宿禰の非現実的な長命と成務《せいむ》から仁徳に至る四世代にわたる出仕とを語る。しかし、右の措置は時間的矛盾を建内宿禰の異常な長命に置換したにすぎず、不自然さは依然として残されている。

矛盾の原因と解消

一般に、こうした矛盾は異系統の系譜群を結合して一系の皇統譜を形成する過程で抱え込まれる場合が多いので、とりあえず系譜的結合を解放すれば世代的な矛盾は解消することができる。矛盾は両系譜間の婚姻関係に露呈しているのであるから、婚姻関係を解消するのが手っ取り早いが、しかし、井上光貞『日本古代国家の研究』が析出したように、仁徳以下の皇位継承物語は葛城系皇統と非葛城系

図15　修正皇統譜と葛城氏系譜

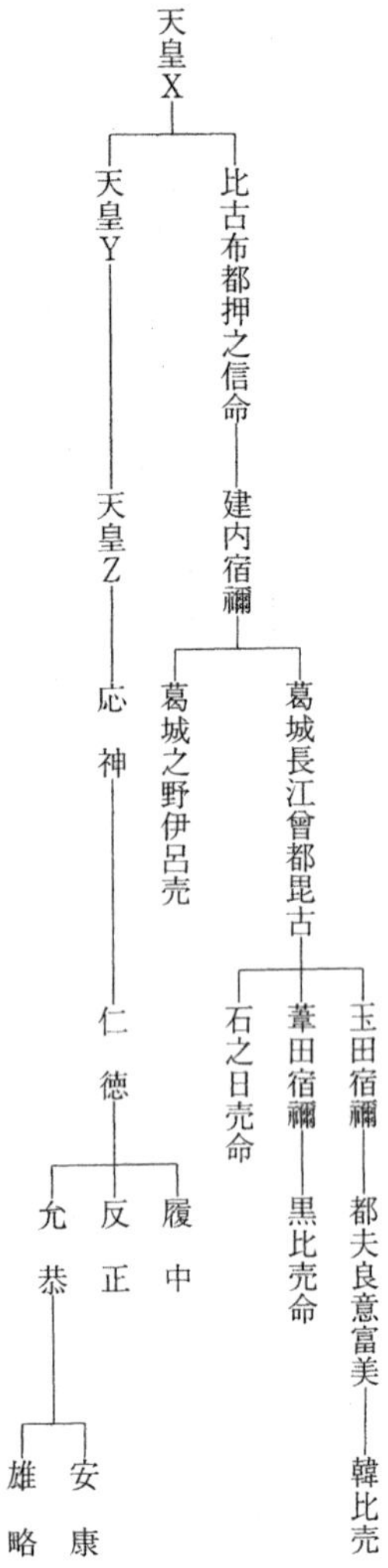

皇統との対立抗争という形で構成されており、婚姻関係の分離という直接的な処理によって問題を解決することはできない。井上が想定するような史実を核とするか否かは別として、葛城氏と皇統との婚姻関係は仁徳以下の皇位継承物語の大前提となっているからである（次節「仁徳の皇統と継体の皇統」参照）。

したがって、解消点は婚姻関係の発生以前に求められることになるが、その場合、建内宿禰系譜を皇統に結合する操作に矛盾が起因していることは明らかである。ただ、問題を複雑にしているのは、一方に建内宿禰系譜を皇統に結合する意図が働いていることで（比《ひ》古《こ》布《ふ》都《つ》押《おし》之《の》信命《まことのみこと》は蝶番《ちょうつがい》の役目を果たしていると見られる）、それが前述の構造的異世代婚を派生させた所以《ゆえん》だが、現行の皇統譜を前提とするのでなければ、両者を矛盾なく結合することは可能である。右の条件を満たすもっとも単純な形を図15に示してみよう。

図15の天皇Xに仮に孝元を当てるとすれば、残るYZ二天皇に対して現皇統譜では開化・崇神・垂仁・景行・成務・仲哀の六天皇が存在し、差し引き四天皇が余剰となる。この四代という数は皇統譜と建内宿禰系譜間に認められる世代差に一致するが、では六天皇のうちのどの四代を消去するかとなると、問題は机上の計算のようにきれいには解決しそうもないし、また本章の目的も矛盾の解消のための数合わせにあるわけではない。

確認したいのは、皇統譜と不可分に語られる記紀の歴史が、実際には皇統譜において軋《きし》みを見せている事実であり、その軋みが応神以前に組み込まれた皇統譜と歴史とに起因すると見られる点である。ところで、応神以前の歴史は神武の物語を除けば、実質的に崇神・垂仁朝の歴史と景行・成務・仲哀朝の歴史以外にはなく、自ずとイリヒコとタラシヒコの歴史が検討対象として浮上してくる。

イリヒコの歴史

まずイリヒコの歴史から見てゆこう。すでに『古事記』を通じてその一端を見てきたように、記紀はともに崇神朝の事件として疫病《えきびょう》の大流行を語り、その結果、国家は危急の事態に陥ったことを記す。崇神は原因を探るべく諸神を集めて卜占《ぼくせん》をし（崇神紀七年二月）、あるいは夢に神意を問うて（崇神記。崇神紀七年二月）、事件が大物主神《おおものぬしのかみ》の意思によることを知る。大物主神は自らの神裔《しんえい》オホタタネコ（『古事記』の表記は意富多々泥古《おおたたねこ》、『日本書紀』は大田田根子《おおたたねこ》）によって祭られることを要求し、これを承けて祭祀《さいし》が行なわれ、事態はようやく終息する（崇神記。崇神紀七年十一月）。

以上が記紀の語る事件の概要であるが、大物主神と事件との関係については、神名の解釈（一般にモノノケのモノを核とするとされる）を通じて祟《たた》り神とその祭祀という解釈がほぼ通説化している。祟りの発現→原因の認知→祭祀者の選定と祭祀→祟りの終息と展開する記紀の所伝が、祟り神祭祀の基本的枠組みをもって語られていることは確かだが、だからといって枠組みが物語の本質をも規定していると考えるのは短絡にすぎるだろう。前章に確かめたように、崇神朝に組み込まれた疫病流行事件は単なる祟り神祭祀という次元を超えて、国家形成史に直接に関わるテーマを担うものとして位置づけられているからである。

『古事記』によれば、大物主神の要求を承けて行なわれた祭祀は左のごとくで、実際には大物主神祭祀のみが行なわれたわけではない。

A　即《すなは》ち意富多々泥古命《おほたたねこのみこと》を以《もち》て神主《かむぬし》として、御諸山《みもろのやま》にして意富美和之大神《おほみわのおほかみ》の前《まへ》を拝《をろが》み祭りき。B又、伊迦賀色許男命《いかがしこをのみこと》に仰《おほ》せて、天《あめ》の八十毘羅訶《やそびらか》（注略）を作り、天神《あまつかみ》・地祇《くにつかみ》の社《やしろ》を定め奉《まつ》りき。C又、宇陀《うだ》の墨坂《すみさかの》神に、赤き色の楯《たて》・矛《ほこ》を祭りき。又、大《おほ》坂《さかの》神に、黒き色の楯・矛を祭りき。又、坂《さか》の御尾《みをの》神と河瀬《かはのせの》神とに、悉《ことごと》く遺《のこ》し忘ること無く、幣帛《みてぐら》を奉りき。D此《これ》に因《よ》りて、役《え》の気《け》悉《ことごと》く息《や》み、国家《くに》安《やす》らけく平《たひら》けし。

〔中・崇神〕

疫病の終息はAとともにBCが行なわれたことによって達成されたと語るのであり、Aとの単線的な因果関係のみを強調しているわけではない。『日本書紀』も基本的に同様で、

a伊香色雄《いかがしこを》に命《みことおほ》せて、物部《もののふ》の八十平瓮《やそひらか》を以て、祭神《かみまつり》の物と作《な》さしむ。b即《すなは》ち大田田《おほたた》根子《ねこ》を以て大物主大神《おほものぬしのおほかみ》を祭る主《いはひまつるかむぬし》とす。c又、長尾市《ながをち》を以て倭《やまと》の大国魂神《おほくにたまのかみ》を祭る主とす。d然《しか》くして後に、他神《あたしかみ》を祭らむと卜《うらな》ふに吉《よ》し。e便《すなは》ち、別《こと》に八十万《やそよろづ》の群神《もろかみ》を祭る。f仍《よ》りて天社《あまつやしろ》・国社《くにつやしろ》と神地《かむどころ》・神戸《かむべ》を定む。g是《ここ》に、疫病《えのやまひ》始めて息《や》みて、国内《くぬち》漸《やくやく》に謐《しづま》りぬ。五穀《いつつのたなつもの》既に成《みの》りて、百姓《おほみたから》饒《にぎは》ひぬ。〔崇神紀七年十一月己卯条〕

大物主神祭祀bは一連の祭祀記事a～fの一つとして位置づけられており、bのみに荷重をかけて理解する通説的な解釈は恣意《しい》的な解読といわねばならない。疫病流行と大物主神との因果関係は物語に語られるとおりだが、それは一連の祭祀執行の契機として語られて

いるのであって、重心はむしろ天神・地祇の社の制定（記B、紀f）をはじめとする網羅的な神々の祭祀にあったといわねばならない。その意味で、『古事記』序文が崇神治世について「夢《いめ》に覚《さと》りて神祇を敬《ゐやま》ひたまひき。所以《そこゆゑ》に賢后と称《まを》す」というのは、崇神朝の歴史の本質に触れた要約といってよい。

すでに見たように、大物主神の祟りを契機とする一連の祭祀記事は神祇制度の起源を語るもので、それは「男の弓端《ゆはず》の調《つき》・女の手末《たなすゑ》の調」の貢上（崇神記。『日本書紀』では崇神十二年九月条）に象徴される税制の起源とセットとして基本的国家制度の確立を描くのである。他方、大毘古命《おおびこのみこと》・建沼河別命《たけぬなかわわけのみこと》・日子《ひこ》坐王《いますのみこ》の派遣（『日本書紀』では崇神十年九月甲午条の四道将軍《しどうしょうぐん》の派遣）を通じて語られる王化の領域の拡大と相応じて、国家形成史の初期的達成を描くのである。疫病の流行という波乱によって幕を開けた崇神朝の歴史は、かくて「天下《あめのした》太《おほ》きに平《たひら》ぎ、人民《おほみたから》富み栄えき」（崇神記）、「天神地祇《あまつかみくにつかみ》、共に和享《にこ》みて、風雨時に順《したが》ひ、百穀《もものたなつもの》用《もち》て成りぬ。家《いへいへ》給《つ》ぎ人《ひとびと》足《た》りて、天下《あめのした》大きに平《たひらか》なり」（崇神紀十二年九月条）という大団円を迎えることになる。

崇神朝に語られる大物主神の物語が、記紀の描く国家形成史の構想と不可分な関係を有することは右に見てきたごとくだが、大物主神と国作りテーマとの関係は他の面からも補足することができる。第一に、前章に見たように、『古事記』上巻において大国主神の国作りの協力者として語られていたこと、第二に崇神紀八年十二月乙卯条に見える歌謡に「倭成す大物主」と歌われ、直接的に国作りの神とする所伝のあること、そして第三に神武《じん》記に皇后伊須気余理比売《むいすけよりひめ》が大物主神の女《むすめ》とされていることを挙げておこう。『古事記』中巻が基本的テーマとして国家形成史を据えることは明らかだが、初代天皇の系譜的始発に当たって大物主神の血を導入するのは、当該神が国作りと不可分な関係にあることを推測させる（矢嶋「『古事記』の大物主神」）。

タラシヒコの歴史と崇神紀の歴史

すでに見てきたように、『古事記』中巻における国家形成の歴史は、崇神朝の後にも景行〜仲哀のタラシヒコ三代を通じて、さらに拡大的発展的に語られている。具体的には景行朝の化外《かがい》の異民族を含む東西の平定、成務朝の行政区画の制定と国造《くにのみやつこ》・県主《あがたぬし》の任命、仲哀朝の新羅《しらぎ》・百済《くだら》征討による朝貢《ちょうこう》国の獲得という具合に、国内的支配者から朝貢国をも従えた〈小帝国〉の皇帝へと天皇権の拡大と王化の領域の拡大とが描かれるのだが、こうしたタラシヒコ三代による国家形成史と崇神朝のそれとはどのような関係にあるのだろうか。崇神朝の歴史がタラシヒコ三代の前に置かれていることからいえば、当然タラシヒコの歴史の前段階的位相として位置づけられていると考えるのが筋である。

ところが、『日本書紀』に関していえば、単純にタラシヒコの前史として崇神朝の歴史を位置づけ得ない事実に直面する。

まず、疫病流行に際して、崇神の夢に現れた大物主神のことばに注意したい。

天皇《すめらみこと》、復《また》な愁《うれ》へましそ。国の治《をさま》らざるは、是吾《これあ》が意《こころ》ぞ。若《も》し吾が児《こ》大田田根子《おほたたねこ》を以《もち》て吾《あれ》を祭らしめたまはば、立《たちどころ》に平《たひら》ぎなむ。亦《また》、海外《わたのほかの》国有りて、自《おの》づからに帰伏《まゐしたが》ひなむ。　〔崇神紀七年二月辛卯条〕

注目されるのは最後の部分だが、これによれば大物主神を祭ることによって保証されるのは単に疫病の終息にとどまらず、海外の国の帰伏《きふく》も含まれるのである。果たして崇神紀六十五年七月条には

任那国《みまなのくに》、蘇那曷叱知《そなかしち》を遣《まだ》して朝貢《みつきたてまつ》らしむ。

という記事が見え、崇神紀七年二月辛卯の神勅《しんちょく》の実現を語っている。『古事記』では朝貢国との朝貢関係は、後の息長帯日売命《おきながたらしひめのみこと》の物語を通じて達成されることは前述したごとくだが、『日本書紀』の場合、すでにイリヒコの歴史においてそれが果たされているのである。疫病の流行を発端とする物語の展開をひとまず措《お》けば、『古事記』のタラシヒコの歴

史において息長帯日売命に憑依した天照大御神《あまてらすおおみかみ》ほかの神々が「西の方《かた》に国有り。金《くがね》・銀《しろかね》を本《もと》として、目の炎耀《かかや》く種々《くさぐさ》の珍《めづら》しき宝、多《あま》た其の国に在《あ》り。吾《あれ》、今其の国を帰《よ》せ賜《たま》はむ」という託宣《たくせん》によって新羅・百済の服属と朝貢を保証するのと（仲哀記）、まったく同一の構造なのである。右につづく託宣が、「凡《おほよ》そ、此の国は、汝命《ながみこと》の御腹《みはら》に坐《いま》す御子の知らさむ国ぞ」という王権の与奪に関わる内容である点からみて、両託宣の主体に天照大御神が意識されていることは疑い得ない事実である。

『日本書紀』のイリヒコの歴史における海外との交渉は、さらに次の垂仁紀においても引きつづき語られている。以下に関係記事を年表化して列挙してみよう。

崇神・垂仁紀の海外交渉

崇神～垂仁朝　意富加羅《おおからの》国の王子都怒我阿羅斯等《つぬがあらしと》帰化。崇神が亡くなったため、垂仁に仕えること三年。帰国に際して、崇神の名「御間城《みまき》」を国名に負わせて「弥摩那国《みまなのくに》」とする。帰途、垂仁からの賜物を新羅人に奪われ、これにより任那《みまな》・新羅二国の敵対関係生じる（垂仁紀二年注）。

垂仁二年是歳　蘇那曷叱知《そなかしち》帰国。任那王への賜物を蘇那曷叱知《そなかしち》に託すが、帰途、新羅人に奪われ、これにより任那・新羅二国の敵対関係生じる。

垂仁三年三月　新羅の王子天《あめの》日槍《ひぼこ》、七種の宝物を持って来帰。

垂仁紀二年注には任那の国名を崇神の名に基づくとする起源譚も見え、天皇と海外との関係は『古事記』および『日本書紀』のタラシヒコの歴史に接近しているといえよう。

『日本書紀』の語るイリヒコの歴史が『古事記』のタラシヒコの歴史とテーマ的に重なる面をもつことを確かめたうえで、振り返って崇神紀十年九月甲午条に見える四道将軍《しどうしょうぐん》派遣にも目を向けておきたい。『古事記』におけるタラシヒコの歴史の、小碓命《おうすのみこと》（倭建《やまとたけるの》命）の東西平定の物語に重なる可能性をもつからである。崇神紀十年九月甲午条には

　大彦命《おほびこのみこと》を以《もち》て北陸《くぬがのみち》に遣《つかは》す。武渟川別《たけぬなかはわけ》を東海《うみつみち》に遣す。吉備津彦《きびつひこ》を西道《にしのみち》に遣す。丹波《たにはの》道主命《みちのうしのみこと》を丹波《たには》に遣す。

とあって、『古事記』のイリヒコの歴史に見える大毘古命《おおびこのみこと》・建沼河別命《たけぬなかわわけのみこと》・日子坐王《ひこいますのみこ》三名の高志道《こしのみち》・東方十二道・旦波（丹波）平定に酷似するが、注目したいのは四道将軍派遣直前の崇神紀十年七月己酉条に見える、群卿に対して発せられた次の詔である。

　民《おほみたから》を導く本《もと》は、教化《をしへおもぶ》くるに在《あ》り。今、既に神祇《あまつかみくにつかみ》を礼《ゐやま》ひて、災害《わざはひ》皆耗《つ》きぬ。然れども、遠荒《とほきくに》の人等《ども》、猶《なほ》、正朔《のり》を受けず。是《これ》未だ王化《きみのおもぶけ》に習はざればか。其れ群《まへつ》卿《きみたち》を選ひて四方《よも》に遣《つかは》して、朕《あ》が憲《のり》を知らしめよ。

『日本書紀』特有の漢文的潤飾の可能性も考慮しなければならないが、右による限り「遠《とほき》荒《くに》の人等」の王化という主題は『古事記』における小碓命（倭建命）の化外の異民族の王化に重なるといってよい。崇神紀十一年四月己卯条には「四道将軍《よつのみちのいくさのきみ》、戎夷《ひな》を平《たひら》げたる状《かたち》を以《もち》て奏《まを》す」とあり、これを承けて是歳条には「異俗《あたしくにのひと》多く帰《まゐき》て、国内安寧《くぬちやすらか》なり」とも記すのである。

念のために述べておけば、『古事記』においてはイリヒコの歴史とタラシヒコの歴史とのテーマの重複はおおむね避けられており、段階的発展的な歴史として整序されている。イリヒコの歴史には海外帰伏の要素は語られず、『日本書紀』が垂仁朝の歴史に組み込む天日槍《あめのひぼこ》の来朝も、息長帯日売命《おきながたらしひめのみこと》による新羅・百済征討後の応神朝に、「昔」として時代指定なしに巧みに組み込まれている。四道将軍に相当する崇神朝の大毘古命・建沼河別命・日子坐王の地方平定も対象に異俗を含まない点で、後の小碓命（倭建命）による東西平定の物語との重複は避けられている。イリヒコの歴史とタラシヒコの歴史が類似する面を見せるのは『日本書紀』のイリヒコの歴史を視野に入れた場合に限られるのだが、しかし、こうした重複的なありようはそれ自体意味を問う価値はあるだろう。

ところで、記紀のタラシヒコ三代の系譜が、応神の出自を語る意義を担うことは改めて確認するまでもないだろう。応神はまた、タラシヒコ三代を通じて達成された王化の歴史の到達点として、海外から朝貢を受ける〈小帝国〉の皇帝として屹立するのであり、記紀ともにタラシヒコの系譜と歴史とは不可分に関わりつつ応神を保証することは明らかである。

重複する歴史の構想

こうしたタラシヒコの歴史で注目されるのは、小碓命（倭建命）の東西平定の物語が伊勢神宮の斎宮倭《やまと》比売命《ひめのみこと》を介して天照大御神の加護を語り、また息長帯日売命の新羅・百済征討の物語が天照大御神の神託によって保証されていたように、天照大御神と密接な関わりをもつことである。天照大御神に保証されるタラシヒコの歴史のありようは、大物主神の神託によって保証されるイリヒコの歴史のありようと、構造的に相似の関係をなしている。のみならず、『日本書紀』の叙述による限り、それぞれの歴史を構成する要素と最終的な達成さえも、まったく相似関係をなすのである。

『日本書紀』の語るイリヒコの歴史には国内異俗の王化だけでなく、海外の帰順・朝貢の実現まで語られているのであり、イリヒコの歴史の後継者はタラシヒコの歴史の後継者たる応神に匹敵する地位がすでに保証されているということができる。皇祖神天照大御神との関係を無視すれば、タラシヒコの系譜と歴史を取り除き、『日本書紀』のイリヒコの系譜と歴史から直ちに応神が出現したとしても、国家形成史および応神の地位を語るうえで大きな破綻はないとさえいえる。とはいえ、天照大御神を皇祖神とする構想を強く打ち出す『古事記』の歴史にとって、天照大御神の神威を介さずに達成される〈小帝国〉の完成という構想が不都合であることは明白で、それが天照大御神に保証されたタラシヒコの歴史を付加する所以と見られる。逆にいえばタラシヒコの系譜と歴史とは、皇祖神天照大御神の成立と不可分に構想され、挿入されたと考えることができる（ちなみに、『日本書紀』では神代紀下・本文に「皇祖高皇産霊尊《みおやたかみむすひのみこと》」、神武紀即位前紀に「我が皇祖《みおや》天照大神」と見え、『古事記』のような一貫性を形成していない）。

大物主神の物語とイリヒコの歴史は、特に『古事記』において本来のあり方が見えにくくなっているが、そうしたありようはタラシヒコの系譜と歴史の浸蝕によるテーマの縮小・整理の結果と見られるのであり、むしろイリヒコの歴史の先行性を示すといえるだろう。

イリヒコの歴史の継承者

では、イリヒコの系譜と歴史の後継者は誰か。視座を再び皇統譜に戻し、系譜面から問題を考えてみたい。イリヒコの系譜およびその後継者については、すでに吉井巌『天皇の系譜と神話　二』に周到な論があり、改めて付け加えるべき事柄は基本的に残されていない。吉井は、記紀に見えるホムツワケ（『古事記』は品牟都和気命《ほむつわけのみこと》・本牟智和気御子《ほむちわけのみこ》、『日本書紀』は誉津別命《ほむつわけのみこと》とする）にまつわる物語群が

1　火中出生、言語障害からの回復、異類との結婚など、本来聖なる人物の誕生と聖なる人格への転身を語る話型によって語られている。

2　『古事記』では天皇になった人物に用いられる「御子」の呼称と、原則的に天皇に用いられる「仮宮《かりみや》」の用語が用いられている。

という特殊性をもつにもかかわらず、天皇として即位することもなく、また後続系譜をもたないことに着目し、ホムツワケこそイリヒコ系皇統の本来の後継者であったと推測する一方、『上宮記』逸文（『釈日本紀』所引）に「一云《あるにいはく》」として引用された系譜では、記紀皇統譜の応神（品陀和気命《ほむだわけの》）に相当する位置に「凡牟都和希王《ほむつわけ》」とされる同名の人物が記されていることを根拠として、ホムツワケを応神の原型と考えたのである。参考までに、

『上宮記』に引用された系譜記事から必要部分を系譜化して示しておく（図16）。

ちなみに、『上宮記』逸文に引用された系譜は記紀以前に成立したものとする説もあるが（黛弘道『律令国家成立史の研究』など）、用字面・音韻面・内容面から見て、継体《けいたい》の出自を保証する意図のもとに異系の系譜資料が接合されたもので、接合の時期は記紀以降であることが明らかである（矢嶋泉「『上宮記』逸文所引『一云』の資料性」）。『上宮記』逸文系譜に対する資料批判を欠く点で若干の問題を含むけれども、吉井の推定自体、大きく揺らぐことはないだろう。イリヒコ系譜の本来の後継者をホムツワケと推定する根拠は、記紀の分析に十分に尽くされていると考える。

先に『日本書紀』のイリヒコの歴史が『古事記』のタラシヒコの歴史と相似的構造・構

図16　『上宮記』逸文系譜

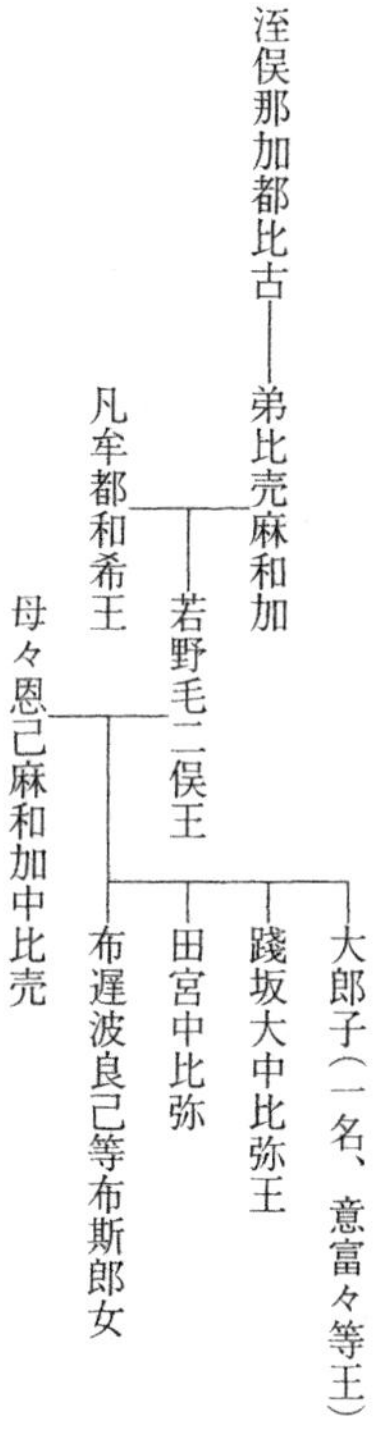

表6　イリヒコの歴史とタラシヒコの歴史対照表

	イリヒコの歴史(『日本書紀』)	タラシヒコの歴史(『古事記』)
加護神	大物主神	天照大御神
歴史	四方平定(四道将軍) 国家制度の整備 　神祇制度・税制(崇神紀) 海外の帰伏と朝貢	東西の平定(倭建命) 国家制度の整備 　国県の区画制定(成務記) 新羅・百済の服属と朝貢(仲哀)
後継者	品牟都和気命(原応神)	品陀和気命(現応神)

想を本来もっていたことを推定したが、吉井の結論を援用すればイリヒコの系譜と歴史を通じて導かれるのは応神の原型ホムツワケであったと考えられる。『日本書紀』に残存する朝貢国の獲得をも視野に含めたイリヒコの歴史は、タラシヒコの歴史を通じて語られる現応神に相当する王者の出現を語るものとして構想されたと推定されるのである。ここで、述べてきたイリヒコの歴史とタラシヒコの歴史の相似性を表6に示しておく。

イリヒコの系譜と歴史があるにもかかわらず、タラシヒコの系譜と歴史が付加されたのは、既述のごとく皇祖神天照大御神の成立に連動すると見られるが、それに伴い、ホムツワケの系譜的地位は品陀和気命《ほむだわけのみこと》（応神）にすげ替えられることになったと考えられる。吉井の指摘した『古事記』における垂仁皇子品牟都和気《ほむつわけの》命の系譜と物語の例外的な様態は、こうした操作の結果と見てよい。しかし、イリヒコの系譜と歴史とは縮小を余儀なくされつつも、結果的には記紀の歴史の中に抱え込まれる形で利用されていることは現記紀に明らかである。

皇統譜の改変

　さて、先に見たように、現記紀の皇統譜と建内宿禰系譜との間には四世代にわたる構造的な隔世異世代婚が認められるが、その最大の原因はタラシヒコの系譜とその歴史の挿入にあったと考えることができる。ただし、付加されたタラシヒコ三代（景行・成務・仲哀）を皇統譜から除くことによっても、なお一世代のずれが認められるが、それはタラシヒコ系譜の挿入とは次元を異にする理由によるものと見られる。すなわち、右の一世代のずれは基本的に建内宿禰系譜を皇統につなぐ操作に関わるものと推測されるのである。

　吉井巌『天皇の系譜と神話』が、崇神記第Ⅲ項に語られる建波邇安王《たけはにやすのみこ》（孝元皇子）の反逆物語の中で、崇神から同王が「庶兄《ままね》」（実際には叔父もしくは伯父に当る）と呼ばれている点に注目し、系譜的操作が加えられている可能性を指摘したのが注目される。右の矛盾について吉井は、伊迦賀色許売《いかがしこめの》命が孝元・開化二代の后となっていることに原因を求め、こうした異常な婚姻関係は孝元妃として生んだ比古布都押之信《ひこふつおしのまことの》命と、開化妃として生んだ崇神とが同出自であることを強調した操作と推定した。こうした操作を吉井は物部氏の

図17　原皇統譜と葛城氏系譜

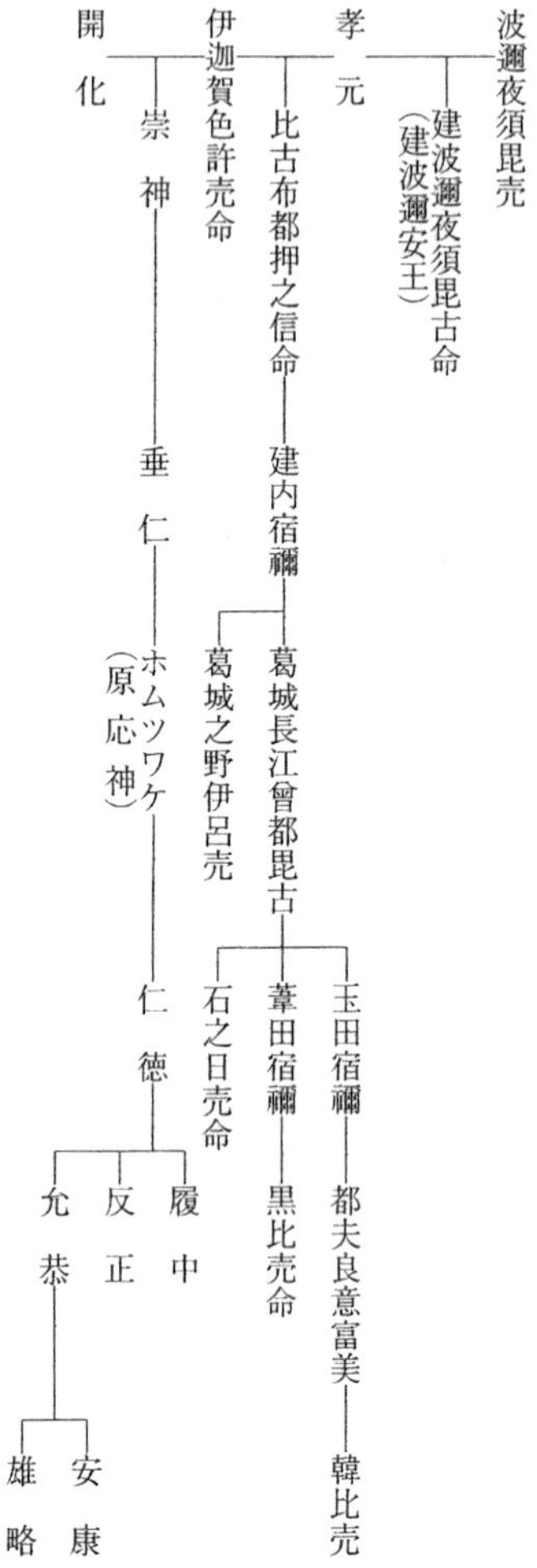

手によるとするが、その当否は別にして、比古布都押之信命すなわち建内宿禰系譜と崇神の出自の同系性を強調する系譜接合の方法と見る点は基本的に支持される。吉井が指摘するように、伊迦賀色許売命を媒介とすれば孝元と開化は同世代ともみなし得るのである。

建波邇安王に対する庶兄の呼称に見るように、タラシヒコ三代を除くことによってもなお残る一世代のずれは、こうした系譜操作の内にはらまれていたと考えられる。述べてきたことがらを系譜化して示せば図17のごとくである。

中下巻皇統譜と上巻の構想

さて、イリヒコの歴史の背後に想定される原皇統譜の全貌はうかがい知ることができないが、記紀に見る現皇統譜への改変が、具体的には原皇統譜にタラシヒコ三代の系譜と歴史を挿入することで実現していることは、右に見てきたごとくである。改変の根底には、国作りの神である大物主神《おおものぬしのかみ》によって保証されるイリヒコの歴史に替えて、皇祖神天照大御神《あまてらすおおみかみ》に保証されたタラシヒコの歴史を挿入する意図があったことは明らかである。『古事記』に即していえば、こうした変更は皇祖神天照大御神の出現を通じて王権の起源を説明しようとする現在の『古事記』上巻の構想と密接不可分な関係にあるといってよい。

崇神記第Ⅱ項〈説明部〉には「豊鉏《とよすき》比売命《ひめのみこと》は、〈伊勢大神《いせのおほかみ》の宮を拝《をろが》み祭りき。〉」（崇神紀六年条にも豊鍬入姫命《とよすきいりひめのみこと》による天照大神が祭祀の記事が見える）、また垂仁記第Ⅱ項〈説明部〉には「倭《やまと》比《ひ》売命《めのみこと》は、〈伊勢大神宮《いせのおほかみのみや》を拝《をろが》み祭りき。〉」という記事が見え、また垂仁紀二十五年三月条には伊勢斎宮の起源譚《たん》が見えるように、イリヒコの歴史の中にも天照大御神の話題は組み込まれているが、現在の形はタラシヒコの歴史の後加時に、その前史として付加・整序されたものと見られる。ただし、豊鍬入姫命の名から見て、すでにイリヒコの歴史中に伊勢神宮および天照大御神の原格が組み込まれていた可能性も十分に考えられるが、その場合の伊勢神宮・天照大御神の原格の機能は、皇祖神としてではなく、東国経略の宗教的拠点（直木孝次郎『日本古代の氏族と天皇』）としての意味に限定されていた可能性が高い。東征における倭建命と倭比売命との関係にも、そうした伊勢神宮の機能がうかがえるが、豊鍬入姫命と異なり、倭建命と倭比売命の物語と系譜的素材は、イリヒコの歴史ともタラシヒコの歴史とも異なる原形から切り取られた可能性が強い。そもそも倭建命の系譜が、景行皇子の位置におさまりきれていないことは、吉井巌『ヤマトタケル』が説いたごとくである。

タラシヒコの歴史挿入の時期

ところで、天照大御神の皇祖神としての地位の確立は、意外に遅かったことがすでに明らかにされている（前掲直木書）。直木論の指摘は多岐にわたるが、ここでは持統《じとう》紀六年五月庚寅条に「使者《つかひ》を遣《まだ》して、幣《みてぐら》を四所《よところ》の、伊勢《いせ》・大倭《やまと》・住吉《すみのえ》・紀伊《き》の大神に奉《たてまつ》らしむ」、同年十二月条甲戌条に「大《まへつ》夫《きみたち》等を遣して、新羅《しらぎ》の調《みつき》を五社《いつつのやしろ》、伊勢・住吉・紀伊・大倭・菟名足《うなたり》に奉る」とあるように、持統紀六（六九二）年の段階では、いまだ諸社と同格に扱われ、「特別な神社であるという意識がさして強くなかった」（直木前掲書）ことを確認すればこと足りよう。

もちろん、壬申《じんしん》の乱前夜、吉野《よしの》から東国への脱出をはかる天武の一行が朝明郡《あさけのこおり》迹太川《とおかわ》の川辺にて天照大神を遥拝《ようはい》したことが天武紀元年六月丙戌条に記されているし、また持統十（六九六）年に亡くなった高市《たけち》皇子の殯宮挽歌《ひんきゅうばんか》（『万葉集』巻二・一九九～二〇一）において、柿本人麻呂《かきのもとのひとまろ》は壬申の乱に際して伊勢神宮の加護があったことを、

　度会《わたらひ》の　斎宮《いつきのみや》ゆ　神風《かむかぜ》に　い吹き惑《まと》はし　天雲《あまくも》を　日の目も見せず　常闇《とこやみ》に　覆《おほ》ひたまひて　定めてし　瑞穂《みづほ》の国を……

と詠んでいる。壬申の乱を契機として皇室と神宮との緊密な関係が形成されてゆくことは事実としても、直木の指摘するように、その関係は本来皇室による東国経略の拠点として伊勢神宮が重要な意味をもつところに生じたものであった。壬申の乱前夜の天照大神遥拝にしても、天武元年六月甲申条の「東《あづま》に入らむとす」、同是日条の「途発《みちた》ちて東国《あづまのくに》に入りたまふ」という行動の中で行なわれたものであったのである。人麻呂の歌句も皇祖神による加護を詠んだものと決めつけることはできない。同時に「鳥が鳴く東の国の御軍士《みいくさ》を召《め》したまひて」と詠まれていることを重視すれば、東国経略に際して期待された神威と等質の神威が発揚されたものと理解することもできるからである。

　持統三（六八九）年に亡くなった草壁《くさかべ》皇子の殯宮挽歌（『万葉集』巻二・一六七～一六九）では、「天照《あまて》らす日女《ひるめ》の命《みこと》」が「天《あめ》」を、「高照《たかて》らす日の皇子《みこ》」（天武）が「葦原《あしはら》の瑞穂《みづほ》の

国」をそれぞれ「知らしめす」ことが決定され、「高照らす日の皇子」が地上世界に降臨し、浄御原宮《きよみはらのみや》に宮殿を設営したことが同じく人麻呂によって詠まれている。しかし、ここで詠まれているのは「天照らす日女の命」と「高照らす日の皇子」による天地の分掌であって（神野志隆光『柿本人麻呂研究』）、「天照らす日女の命」はいまだ皇祖神としての地位を確立しているわけではない。分掌を命ずる主体は「八百万千万神《やほよろづちよろづのかみ》」なのである。

かくて、『古事記』上巻に見るような皇祖神天照大御神を中軸に据えた構想は持統朝以降に整えられたものであることが確かめられる。それと不可分な関係にあるタラシヒコの歴史の挿入と皇統譜の改変が行なわれたのも持統朝以降、すなわち『古事記』成立の最終段階であったと考えられる。

原皇統譜と『古事記』の意図

現在の中巻に強く打ち出されている〈小帝国〉の形成というテーマは、すでにイリヒコの歴史の段階で達成されていたわけだから、タラシヒコの歴史の追加によって加えられた変更は、皇祖神による加護と保証という点を除けば、歴史の構想というレベルでは、それほど大きなものではなかったともいえる。もちろん、皇統譜に改変を加えてまで実現されたのだから、天照大御神の加護・保証によって実現される〈小帝国〉の形成という構想が、現在の『古事記』にとって重要な意味をもつものであったことはいうまでもないし、改変の意図はみごとに上中巻に反映されている。

しかし、皇祖神の構想をひとまず措《お》けば、イリヒコの歴史と皇統譜こそ仁徳以下の皇統譜と矛盾をきたさない形なのであるから、ホムツワケを介して仁徳以下の皇統につながる歴史の全体が本来描こうとした目的・意図は、必ずしも現行の『古事記』と完全に重なるわけではない。

注目したいのは、イリヒコの歴史が保証しようとするホムツワケ（原応神）も、タラシヒコの歴史が保証しようとする応神（ホムダワケ）も、ともに葛城氏系譜（建内宿禰系譜）を通じて確認されるように、系譜的にはいずれも仁徳の一代前の天皇として位置づけられることである。ただし、仁徳以下の皇統譜は武烈の死によって断絶してしまっているので、ホムツワケも応神も仁徳の皇統を保証するための存在でないことが明らかである。『古事記』成立時の皇統の直接の始祖は、仁徳皇統の途絶えた後、「品太天皇《ほむだのすめらみこと》の五世《いつつぎ》の孫《うまご》」として即位した袁本杼命《おほどのみこと》（継体）であり、応神は継体を介して『古事記』成立時現在の皇統の神話的開祖に当たるのである。このように確かめ直すとき、タラシヒコの歴史が現上中巻の歴史の正統な相続者として応神を設定することの意図が改めて鮮明に見えてくるだ

図18　『古事記』の構想と原構想

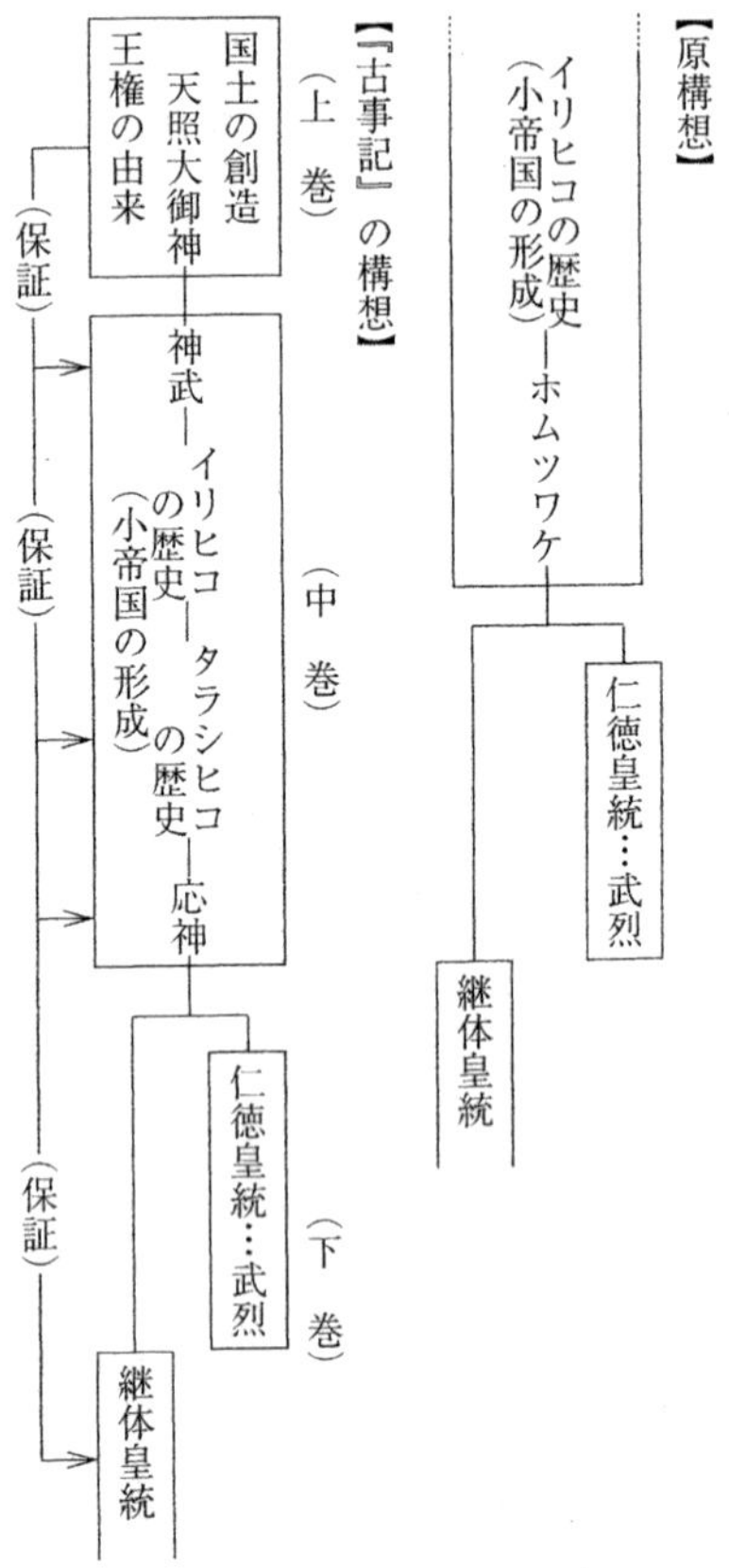

けでなく、その輝かしい応神の後継者として現皇統を位置づけることこそ、『古事記』本来の目的であったことも見えてくる。『古事記』が下敷きにするイリヒコの歴史を含む原皇統譜とその歴史の目的もまた同じところに設定されていたことはいうまでもない。

物語も皇統譜も始めから終わりに向かって線条的にしか読み進めることができない宿命をもつ。『古事記』の歴史は皇統譜を軸として、そこにさまざまな主題をもつ物語を組み込むことで成り立っているのであるから、われわれは与えられた文脈を上巻―中巻―下巻という順に読み進めてゆく以外にない。その際、上中巻は皇祖神という要素が強力な接着剤となって、有機的な歴史として整えられており、また皇祖神の重要性は自明なので、『古事記』の描く歴史の重心が上中巻にあるように錯覚してしまう傾向にある。また、一般にもそのように考えられているふしがある。

『古事記』の歴史の核心

しかし、右に確かめたように、イリヒコの歴史もタラシヒコの歴史も本質的な課題として設定されているのはホムツワケあるいは応神の出現と保証なのではなく、ホムツワケあるいは応神を通じて継体にはじまる現皇統を保証するところにある。上巻が中巻の歴史を語る前提として存在することに擬《なぞら》えていえば、上中巻の歴史は下巻を語るための前提という関係にある。さらにいえば、その下巻に語られる歴史は、その末尾に位置する継体皇統以下の歴史を語ることを最終的な目標とするのである。

さきに触れたように、下巻は允恭記の氏姓制定を除けば、国家史の枠組みも見えにくく、しかも仁賢《にんけん》記以下は物語すらもたないため、現代人の感覚からすれば、下巻にも応分の重心が置かれているとはなかなか考えにくい。しかし、前章に確かめたように、『古事記』中下巻の歴史は天皇によって分節される「世」の連続という形から成り、しかも物語的要素は必ずしも歴史の本質というわけではないので、仁賢記以下の十代も現在の形ですでに歴史たり得ていると考えねばならない。

では、『古事記』下巻は、そして仁賢記以下の歴史は、何を語ろうとするのだろうか。

仁徳の皇統と継体の皇統

『古事記』皇位継承史の末端

まず、はじめに『古事記』の描く皇位継承史の末端部分を確認することから始めよう。序文に「大雀皇帝以下《おほさざきのすめらみことよりしも》、小治田大宮以前《をはりだのおほみやよりさき》をば下《しもつ》巻《まき》とす」とあるように下巻は仁徳《にんとく》から推古《すいこ》の世までの歴史を記すが、

皇位継承史の文脈はさらにその先を見通していて、敏達《びだつ》記第Ⅱ項〈説明部〉を通じて舒明《じよめい》にまで筆が及んでいる。

此《こ》の天皇《すめらみこと》の御子等《みこたち》、弁《あは》せて十七はしらの王《みこ》の中に、日子人《ひこひとの》太子、庶妹《ままいも》田村王《たむらのみこ》、亦《またの》名《な》は糠代比売命《ぬかてひめのみこと》を娶《めと》りて生みし御子《みこ》は岡本宮《をかもとのみや》に坐《いま》して天下《あめのした》を治《をさ》めたまひし天皇。次に中津《なかつ》王。次に多良《たらの》王。〈三柱。〉　〔下・敏達〕

中下巻天皇記の第Ⅱ項およびその〈説明部〉を通じて、当該例のように「天皇」の称号を以て待遇することも、また実名を敬避することも異例で（『日本書紀』には田村皇子《たむらのみこ》とある）、こうした措置がとられた理由は、皇統譜を記定する主体から見て舒明が特別な存在であったためと考えられる。序文に記すように、『古事記』の母胎となった帝皇日継・先代旧辞を記定する主体は天武であり、舒明はその父に当たることから、右の特別措置は天武の立場に基づく（ないし天武の立場に配慮した）ものと見られる。しかも、舒明の父日子《ひこ》人《ひと》太子は、〈説明部〉の前に記された出自系譜においても、「太子」号をもって待遇されており、これまた天皇記第Ⅱ項の異例となっている。

　又、息長真手王《おきながのまてのみこ》の女《むすめ》、比呂比売《ひろひめの》命を娶りて生みし御子は忍坂日子人《おしさかのひこひとの》太子、亦名《またのな》は麻呂古《まろこの》王。次に坂騰《さかのぼりの》王。次に宇遅《うぢの》王。〈三柱。〉　〔下・敏達〕

こうした措置が意図するところは明白で、敏達の後につづく用明《ようめい》―崇峻《すしゅん》―推古《すいこ》という皇位継承次第の後に実現をみる、舒明への継承次第が語られているのである。

序文によれば、帝紀《ていき》・旧辞《きゅうじ》あるいは帝皇日継《すめらみことのひつぎ》・先代旧辞撰録の契機は、壬申《じんしん》の乱に勝利した天武《てんむ》が、「諸家の賷《も》てる帝紀と本辞」の内容を「正実に違ひ、多く虚偽を加へた」ものと認識したことにあり、「その失《あやまり》」を訂正した歴史を早急に必要としたからであった。もちろん、その背景には自らの皇位継承の正当性・正統性を説く意図が含まれていると考えられるが、現実には大友皇子《おおともの》から皇位を簒奪したのであるから、その即位を正当化するのは困難な課題であったといってよい。易姓革命のような論理によらず、万世《ばんせい》一系の皇統譜の枠組みの中で皇位継承史を描こうとすれば、自らの父（そして天智《てんじ》の父）である舒明までの皇位継承次第を語ることで、自らの系譜的立場の正統性を説くのが限界であり、また得策であったと考えられる。

さて、その舒明の祖父（日子人太子の父）に当る敏達は欽明《きんめい》の子であるが、その欽明の父は、武烈《ぶれつ》の代で途絶した仁徳系の皇統を応神《おうじん》五世孫という異例の系譜的地位をもって継承した継体《けいたい》である。系譜的地位の問題をしばらく措けば、天武朝当時の皇統にとって継体は新たな起点となる重要な位置を占めている。

ところで、継体には欽明のほかにも天皇として即位した安閑《あんかん》・宣化《せんか》の二子があり、継体以下の皇統は異なる后妃との婚姻によって安閑・宣化系と欽明系とに分裂する結果を生じている。複数の后妃をもつことが普通であった天皇家にとって、こうした事態は常に起こり得る情況にあったといえ、現に欽明も宣化皇女石比売命《いわひめの》との間にもうけた敏達のほかに、宗賀之稲目宿禰《そがのいなめのすくね》の女、岐多斯比売《きたしひめ》との間に用明・推古を、岐多斯比売の「姨《をば》」小兄比売《おえひめ》との間に崇峻をもうけている。皇位継承問題が常に緊張をはらんでいたことは改めて確認するまでもないが、特に安閑・宣化と欽明との間には特別な対立関係が発生していたことが早くから指摘されている（林屋辰三郎『古代国家の解体』）。先述のように、『古事記』が最終的に舒明即位の必然を説く意図をもつとすれば、こうした皇統の対立と緊張を克服し、舒明即位を必然化する操作・論理が是非とも必要となってくる。以下、『古事記』の叙述に即してその論理を探ってみたい。

母系による保証

まず、右に述べた継体以降の皇統譜を系譜化して示せば図19のごとくである（論述に必要のない人物は省略した）。

まず、安閑・宣化と欽明の関係から見てゆこう。継体の没後、皇統は安閑・宣化と欽明の二系に分裂するが、遡って見れば、武烈記の後記に

> 故《かれ》、品太天皇《ほむだのすめらみこと》の五世《いつつぎ》の孫《うまご》、袁本杼命《をほどのみこと》を近淡海国《ちかつあふみのくに》より上《のぼ》り坐《いま》さしめて、手《た》白髪《しらかの》命に合はせて、天下を授け奉《まつ》りき。

とあるように、そもそも断絶した仁徳皇統を継いで継体が即位する条件は、仁賢《にんけん》皇女の手《た》白髪命《しらかの》との結婚にあった。「尾張連《をはりのむらじ》等《ら》が祖《おや》、凡連《おほし》が妹《いも》、目子郎女《めのこのいらつめ》」との間に安閑・宣化の二皇子があるとはいえ、手白髪命所生の欽明の系譜的地位は文脈上、安閑・宣化より

も上位にあると考えられる。手白髪命に施された「是は大后《おほきさき》ぞ」ということさらな注記も、手白髪命を嫡后として位置づけるとともに、所生の欽明を保証する機能を果たしている。加えて、中・下巻の皇位継承においては、皇族妃がない場合を除き、臣籍出自の后妃所生の皇子に対して皇族妃所生の皇子が上位に位置づけられており、そうした原則に照らしても欽明優位は動かしがたい（吉井巌『天皇の系譜と神話』、矢嶋泉「仁徳系譜の始発」）。

ところで、河内祥輔『古代政治史における天皇制の論理』は記紀皇統譜の分析を通じて、六世紀の皇統に、子孫に皇位を継承させることができる直系の天皇と、その資格をもたな

図19　仁賢以下の皇統

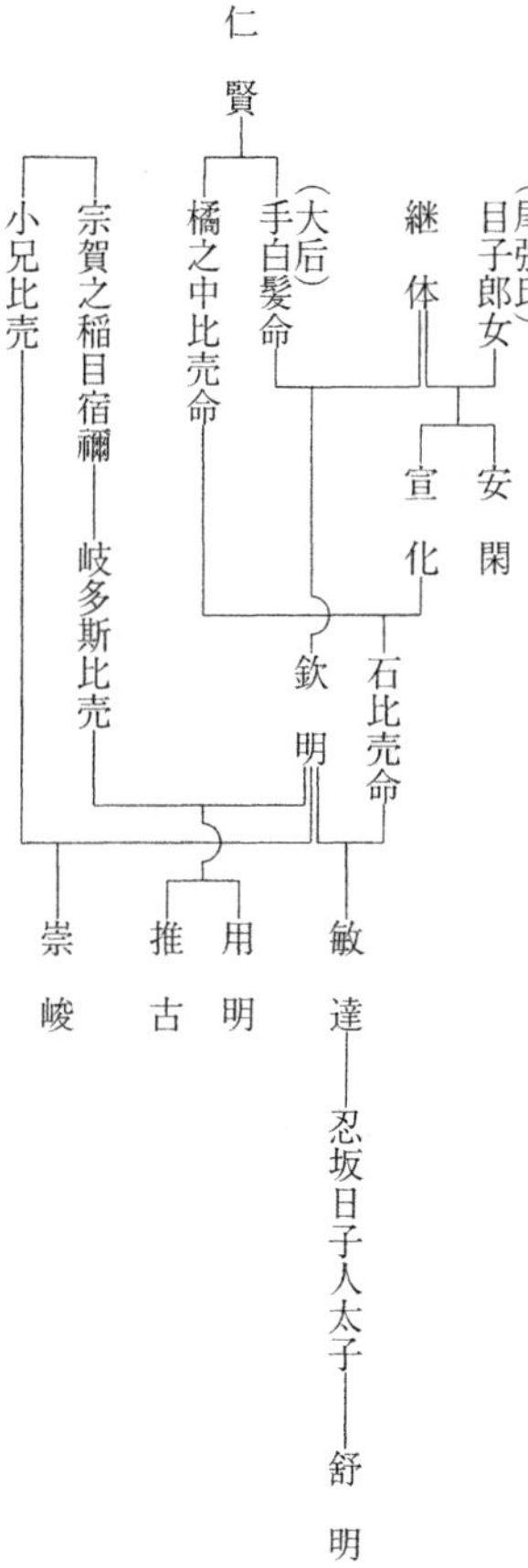

い傍系の天皇の二種の別が存在することを指摘しているが、その区別はその母が皇女であるか（直系）、氏族出自の女性か（傍系）によるとしている。河内の分析対象には『古事記』も含まれており、『古事記』の解読に直ちに適用することには慎重でなければならないが、氏族出自の后妃に対して皇族后妃を優位に位置づける原則は『古事記』下巻を通じて確認できる事実であり（仁徳の大后が葛城《かずらき》氏出身の石之日売命《いわのひめのみこと》である点については後述する）、その原則が皇統譜の文脈を誘導するうえで重要な役割を担うことも事実である。

ただし、河内のいう直系・傍系とは六世紀の歴史的実体を睨んだ用語であり、また、その直系形成の原理はすでに五世紀の王統に内包されていたものと想定されている。その当否はともかくとして、ここではあくまでも『古事記』という閉じた作品世界の皇位継承次第を読み解くことをめざしているので、当面、下巻に色濃く認められる皇女・皇族后妃による皇統保証の原理面のみに注目しておくにとどめよう。なお、以下、河内論の用語としての〈直系〉〈傍系〉との混同を避けて、皇女・皇族后妃によって保証される皇統を、正統な皇統という意味で〈正系〉、保証をもたない皇統を〈非正系〉と称することとする。

かくて継体没後の皇統は、臣籍出自の后妃所生の安閑・宣化に対して、仁賢皇女であり「大后」と注記される手白髪命所生の欽明が正系の天皇として位置づけられることになるが、注目されるのは、その欽明と宣化皇女の石比売命との間に、忍坂日子人《おしさかのひこひとの》太子の父敏達が誕生していることである。欽明にはほかに、天皇として即位した用明・推古・崇峻の三子があるが、用明・推古は宗賀《そが》（蘇我）氏出自の岐多斯比売《きたしひめ》所生であり、崇峻も同じく宗賀氏出自の小兄比売《おえひめ》所生であるから、用明・崇峻・推古の三天皇は宣化皇女石比売命所生の敏達に対して、下位に位置づけられることになる。要するに、継体を起点とする皇統譜の文脈は、継体—欽明—敏達を正統な継承次第と位置づけるのである。

先に見たように、敏達記系譜は忍坂日子人太子を通じて舒明に及ぶのであり、かくて継体以降における皇統の正系は、継体—欽明—敏達—忍坂日子人太子—舒明と辿られることになる。

忍坂日子人太子

ただし、敏達妃でもあった豊御食炊屋比売命《とよみけかしきやひめの》（推古）は、欽明と宗賀《そがの》稲目宿禰《いなめのすくね》の女《むすめ》岐多斯比売との間に生まれた皇女であり、推古は敏達妃として八人の皇子女を生んでいるから、血統上その皇子は正系の資格を有していると考えられる。一方、忍坂日子人太子の母は、息長真手王《おきながのまてのみこ》の女比呂比売命《ひろひめの》であるから、「王」号をもつ皇族の女《むすめ》とはいえ、敏達と推古との間に生まれた皇子女の優位性は否定できない。

『日本書紀』の場合、敏達紀四年正月甲子条に「息長真手王の女広姫《むすめひろひめ》を立てて皇后《おほきさき》とす」

図20　敏達記皇統譜

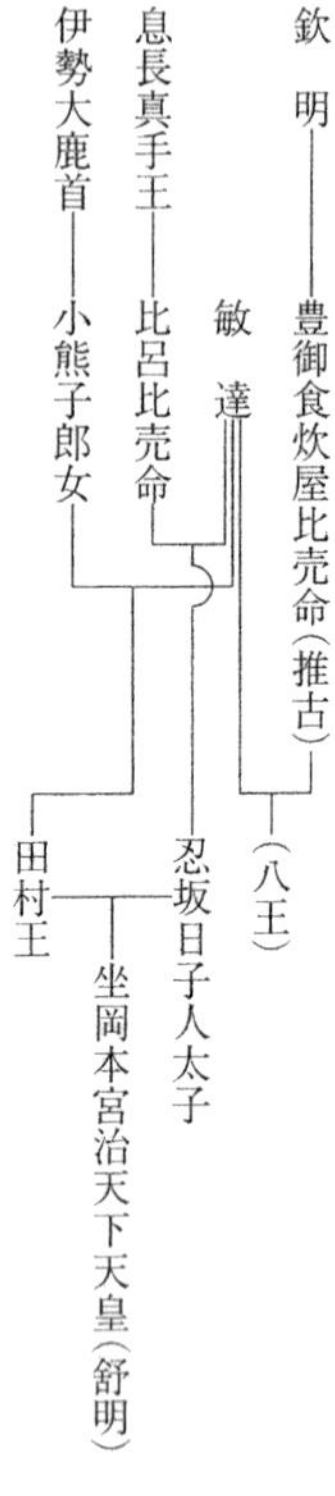

とあるので、押坂彦人大兄皇子《おしさかのひこひとのおおえのみこ》の系譜的地位は母広姫の立后によって保証されている。豊御食炊屋姫尊《とよみけかしきやひめのみこと》（推古）と敏達の結婚も、皇后広姫の没した（敏達四年十一月）翌五年三月戊子条に記されており、推古との間に生まれた二男・五女に対して、押坂彦人大兄皇子の皇統上の優位性は「大兄」によっても保証されている。

しかし、『古事記』の場合、比呂比売命を「大后」号によって保証することもなく、また忍坂日子人太子は「大兄」の称も記述されていないので、敏達・推古間に生まれた皇子女との皇統上の優位性は必ずしも確保されているとはいえないのである。敏達記において忍坂日子人太子が徹底して「太子」号を帯びつづけるのは、こうした事情を克服する具体的・直接的な方法であったのである。同時に、舒明の出自が記される忍坂日子人太子系譜は、天皇の系譜に準じて所生子を「御子」と待遇し（第Ⅱ項所載の皇子以下の系譜は「生みし子」と記すのが原則である。景行記の倭建命系譜と忍坂日子人太子系譜に「生みし御子」とあるのは、所生子にそれぞれ仲哀・舒明が含まれるからである）、天皇に準じて待遇が引き上げられているのである（矢嶋泉『『古事記』の時代性』）。

また、舒明の母が敏達と伊勢大鹿首《いせのおおかのおびと》の女《むすめ》小熊子郎女《おぐまこのいらつめ》との間に生まれた皇女田村《たむらの》王（宝《たからの》王・糠代比売《ぬかしろひめの》王）である点も、すでに述べてきた皇統の保証原理に即して、重要な意義をもっている。舒明は系譜上、敏達皇子忍坂日子人太子と敏達皇女田村王との間に生まれたことになり、父日子人太子の「太子」号と相俟《あいま》って、皇統上の正統性が主張されているのだと考えられる。忍坂日子人太子系譜に「庶妹《ままいも》田村王を娶りて」と「庶妹」が強調されているのはそのためである。以上を系譜化して示せば、図20のごとくである。

応神から仁徳へ

さて、中巻の掉尾を飾る応神が、上中巻の歴史を通じて語られる〈小帝国〉の完成を承けて、国内的な支配者から朝貢国をも従えた国際的な皇帝の地位を体現する、上中巻の歴史中、もっとも重要な天皇として語られていることはすでに述べたごとくであるが、その応神から下巻冒頭に位置づけられる仁徳への継承はどのように語られているのであろうか。まずは、その点から確かめてゆくことにしよう。

図21　応神記皇子女系譜

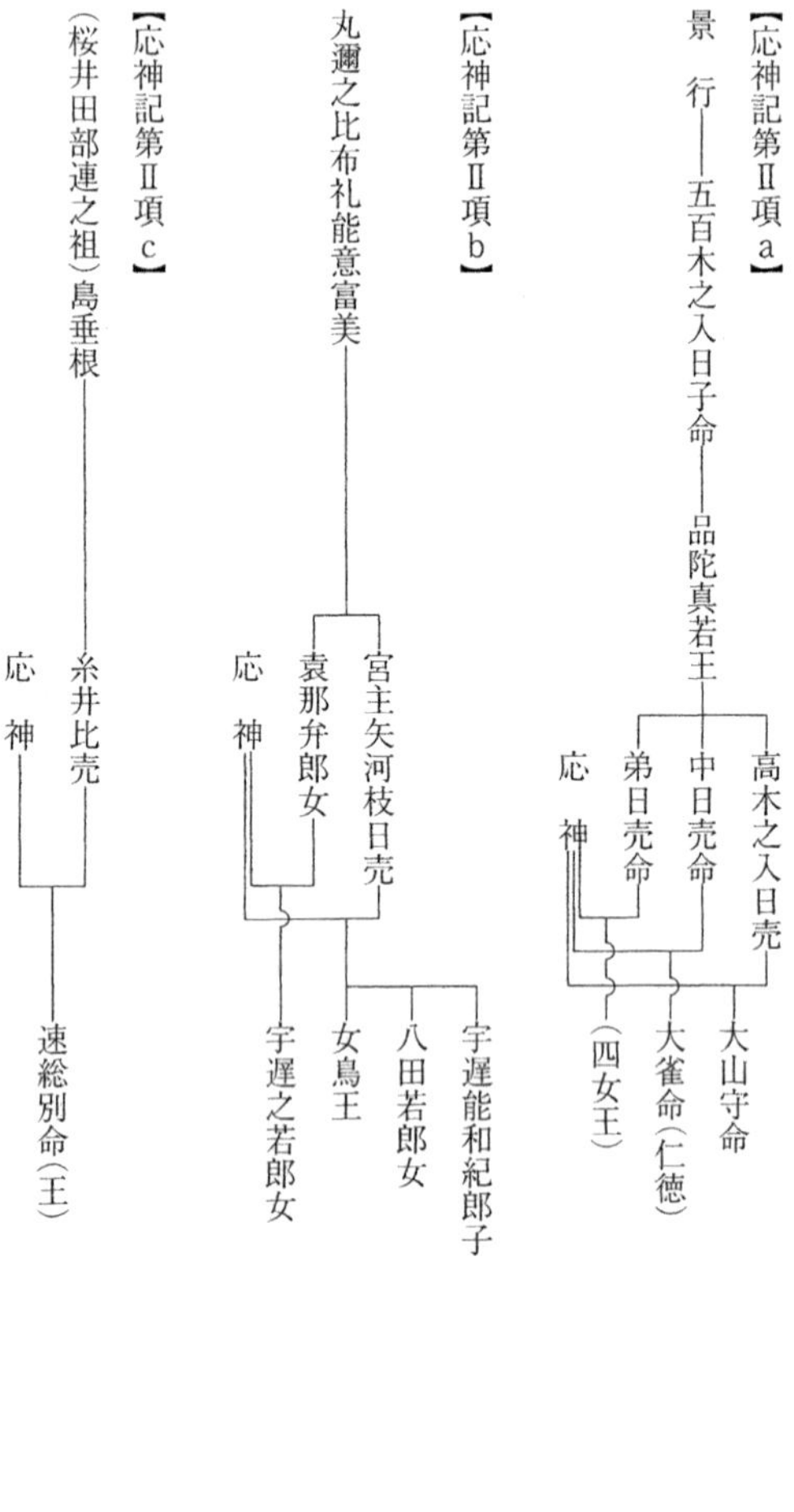

応神から仁徳への皇位の継承は、応神記第Ⅱ項と第Ⅲ項に語られる複数の物語群を通じて描かれる。まず、第Ⅱ項・iから必要事項を系譜化して示せば図21のごとくである。

応神記第Ⅱ項は、右の諸皇子女を含む皇子女の出自を記した後、「此の天皇の御子等は、幷《あは》せて廿六王ぞ。〈男王は十一、女王は十五。〉」という総計を介して、〈説明部〉に「此の中に、大雀《おほさざきの》命は天下《あめのした》を治めき」と記して、大雀命（仁徳）への皇位継承次第を語る。

しかし、応神―仁徳の継承の経緯は、第Ⅲ項に記述される物語群によって、かなり屈折したものとして描かれている。第Ⅲ項はいきなり次のように開始される。

是《ここ》に、天皇《すめらみこと》、大山守命《おほやまもりの》と大雀《おほさざきの》命とを問ひて詔《のりたま》ひしく、「汝等《なむちら》は、兄《え》の子と弟《おと》の子と孰《いづ》れか愛《うつく》しぶる」とのりたまひき。

下問の趣旨は、つづいて記される「天皇の是の問を発《おこ》し所以《ゆゑ》は、宇遅能和紀郎子《うぢのわきいらつこ》に天《あめの》下《した》を治《をさ》めしめむ心有るぞ」という注記によって露骨に示される。「兄《え》の子」すなわち大山守命や大雀命などの年長者ではなく、皇子中最年少である「弟《おと》の子」宇遅能和紀郎子に皇位を継がせたいという意志を応神はもっていたというのである。応神の下問の意図に気づかない大山守命は「兄の子を愛《うつく》しぶ」と答えたのに対し、応神の内心を察知した大雀命は、即座に「兄の子は既に人と成りぬれば、是《これ》悒《おほつかな》きこと無し。弟の子は未だ人と成らねば、是愛し」と答え、大雀命の答に喜んだ応神は、直ちに

大山守命は山海の政《まつりごと》をせよ。大雀命は食国《をすくに》の政を執《と》りて白《まを》し賜《たま》へ。宇遅能和紀郎子は天津日継《あまつひつぎ》を知らせ。

という決定を下す。この時点では、皇位継承者は宇遅能和紀郎子に決定していたのである。第Ⅲ項に語られる以下の物語は、右の下問によって決定した皇位継承者が、なぜ大雀命に変更されたのかが、大山守命の反逆物語と宇遅能和紀郎子と大雀命の皇位をめぐる互譲の物語を軸に組み立てられている。物語の機微や仕かけの詳細を説明する余裕をもたないが、要点のみを示せば、①前章に触れた反逆物語を利用して皇位継承資格者である大山守命を排除し（反逆物語の結末は死である）、②反逆物語の後に語られる皇位互譲の物語と宇遅能和紀郎子の死を語ることを通じて、大雀命への継承の実現を語るのである（矢嶋「『古事記』中・下巻の反乱物語」）。これらの物語は第Ⅱ項〈説明部〉に記述された継承次第を補足し、説明するものといってよい。

血統的保証

これに呼応して、すでに第Ⅱ項には大雀命への継承を誘導する仕かけが施されている。もっとも重要なのは出自の保証である。もちろん第Ⅱ項の主体は応神であるから、皇子女の差別化は母系の出自によることになる。大山守命の母高木《たかぎ》之入日売命《のいりびめのみこと》と大雀命の母中日売《なかつひめの》命の出自については、「此の女王等《をみなみこたち》の父、品陀真若王《ほむだのまわかのみこ》は、五百木之入日子《いほきのいりびこの》命、尾張連《をはりのむらじ》が祖《おや》、建伊那陀宿禰《たけいなだのすくね》が女《むすめ》、志理都紀斗売《しりつきとめ》を娶りて生みし子ぞ」という注記が挿入され、五百木之入日子《いおきのいりびこの》命の孫に当たることが示されている。その五百木之入日子命は、景行《けいこう》記第Ⅱ項〈説明部〉に「若帯日子命《わかたらしひこのみこと》と倭建《やまとたけるの》命と、亦《また》、五百木《いほき》之入日子《のいりびこの》命と、此の三王は太子の名を負ひき」と記されていた人物である。若帯日子命《わかたらしひこのみこと》（成務）と倭建《やまとたけるの》命と並んで、景行の皇位継承者の一人なのである。景行記第Ⅱ項に三人もの太子が存在する理由は、若帯日子命（成務）については通常の皇位継承次第を示すため、倭建命については、その子仲哀への継承を保証するため、そして五百木之入日子命については大雀命（仁徳）の母系の系譜的地位を保証するためと考えられる（図21応神記第Ⅱ項a参照）。

すでに見たように、『古事記』下巻の継体以下の皇統には、先帝の皇女との婚姻を通じて皇統が保証され、強化されるという面が認められたが、ここでもそれに似た原理がうかがえるのである。高木之入日売命も中日売命も皇女ではないが、景行記第Ⅱ項の「太子」五百木之入日子命の血統を引くことで、二人の系譜的地位が高められていることは明らかである。応神記第Ⅲ項冒頭の物語に語られるもう一人の皇子宇遅能和紀郎子《うじのわきいらつこ》は、丸邇之比布礼能意富美《わにのひふれのおおみ》の女《むすめ》、宮主矢河枝比売《みやぬしのやかわえひめ》とされているので、当初から皇位継承の順位は大山守命・大雀命よりも比較にならないほど低く設定されているのである。

また、出自という点では高木之入日売命所生の大山守命と中日売命所生の大雀命とはほぼ同格であるが、高木之入日売命と中日売命とは姉妹であるから、むしろ姉高木之入日売命所生の大山守命の方が大雀命よりも皇位継承順位の点ではいくぶん優位とも解される。大山守命の反逆物語が必要とされた所以であるが、第Ⅲ項に語られる反逆の物語を先取りして、第Ⅱ項では冒頭に「此の天皇、品陀真若王《ほむだのまわかのみこ》（注略）の女《むすめ》、三柱《みはしら》の女王《をみなみこ》を娶りき。一はしらの名は高木之入日売命《たかぎのいりびめのみこと》、次に中日売《なかつひめの》命、次に弟日売《おとひめの》命」と記しながら、それぞれの所生子を記述する段になると、次のように高木入日売からは「命」を外し、その子からは「御」を外して、露骨に待遇を落としているのである。

高木之入日売《たかぎのいりびめ》の子は、額田大中日子《ぬかたのおほなかつひこの》命。次に大山守《おほやまもりの》命。次に……

中日売《なかつひめの》命の御子《みこ》は、木之荒田郎女《きのあらたのいらつめ》。次に大雀《おほさざきの》命。……

弟日売《おとひめの》命の御子は、阿倍《あへの》郎女。次に阿貝知能三腹《あはぢのみはらの》郎女。……

物語と系譜の相克

第Ⅲ項の物語にもさまざまな仕かけが施されており、応神妃候補として日向国《ひむかのくに》から呼び寄せられた諸県君《もろあがたのきみ》の女髪長比売《かみながひめ》を応神から譲られる物語では、あたかも宇遅能和紀郎子《うじのわきいらつこ》への「天津日継《あまつひつぎ》」継承の決定がなかったかのように、都合三度にわたって大雀《おおさざきの》命は「太子」と記述されている。しかも、つづいて挿入される吉野の国主《くにす》の歌謡では「品陀《ほむだ》の日の御子　大雀《おほさざき》」と歌われ、仁徳への継承が既定の事実であるかのように文脈は固められているのである。

かくして、応神の死後に起こった大山守命の反逆物語を通じて大山守命を排除し、また宇遅能和紀郎子と大雀命の互譲の物語を通じて大雀命の継承権を再確認し、そして最後に宇遅能和紀郎子の死を語って仁徳への皇位継承次第を語る物語の全体は完了する。ただし、問題となるのは第Ⅲ項冒頭に置かれた応神の下問の物語で、右に見るような経緯が語られているとはいえ、応神の意志は宇遅能和紀郎子への「天津日継」の継承にあり、現に一度はそのように決定を見ている。

皇位継承に際して先帝の意志がどれほどの意義をもち得ていたかについては別途問題とする必要があるが、『古事記』という閉ざされた世界に限定すれば、皇位継承に際して先帝の意志が示された唯一の事例である。宇遅能和紀郎子との互譲の物語では、大雀命は父応神の意志を守って「兄」でありながら「弟」の宇遅能和紀郎子に譲っており、下問の物語から徹底して忠孝の徳を体現する人物として描かれてはいる。

しかし、『古事記』にはこれ以外に二つの互譲を語る物語があって、それらではいずれも兄に譲られた弟が次代の天皇として即位している。一つはすでに見た神武《じんむ》記の当藝志《たぎし》美々《みみの》命の反逆物語の後に語られる兄神八井耳《かむやいみみの》命と弟建沼河別《たけぬなかわわけの》命（綏靖《すいぜい》）の例で、反逆者を殺害し得なかった兄の譲りをすんなりと受け入れて、弟建沼河別命が即位している。もう一つは清寧《せいねい》記の後記に語られる兄意祁命《おけの》（仁賢《にんけん》）と弟袁祁命《おけの》（顕宗《けんぞう》）の例で、履中《りちゅう》皇子市辺之忍歯王《いちのへのおしはのみこ》の遺児という系譜的立場を明かした功は弟意祁命にあるとして、「吾《あれ》は兄《え》にはあれども、猶《なほ》、汝命《ながみこと》、先づ天下《あめのした》を治めよ」という兄の譲りを「辞《いな》ぶること得ずして」、弟袁祁命が即位したと語られている。

そもそも兄が弟に譲るのは、兄の側に皇位を優先的に継承する資格があるためだが、右の二例と応神記の物語が決定的に異なるのは、宇遅能和紀郎子の場合、応神記冒頭の物語を通じて「天津日継」を継承すべきことがすでに決定されているところにある。神武記と清寧後記の例では、物語の文脈上どちらが皇位につくのか決定されていないのであり、長幼の序を覆すに足る弟の功績を通じて弟が即位するに及ぶのである。しかも、神八井耳命と建沼河別命、意祁命と袁祁命はともに同母の兄弟であり、長幼の序列を除いて血統上の継承資格は同格である。しかし、応神記の例は血統上の差違が明らかな異腹の兄弟間の互譲であり、この点がさらに結末を複雑にさせている。

しかし、兄大雀命《おおさざきの》が弟宇遅能和紀郎子に皇位を譲るのは、文脈上、宇遅能和紀郎子が「天津日継」を継承すべきことを応神によって決定されていたことによるのに対し、弟の側が譲る理由は明確には語られていない。大山守命の反逆の計画をいちはやく弟宇遅能和紀郎子に告げた大雀命の功績はあるにしても、大山守命を撃退したのは宇遅能和紀郎子自身である。海人《あま》の献上する大贄《おおにえ》を「兄《え》は辞《いな》びて弟《おと》に貢《たてまつ》らしめ、弟は辞びて兄に貢らしめて、相譲れる間に」という表現を通じて、かろうじて長幼の序が大雀命に皇位を譲る理由と読み取れるが、その長幼の序と血統的優劣を覆すのが応神による下問の物語なのである。要するに、この互譲の物語は宇遅能和紀郎子の死以外に、事実上、解決の糸口がないように設定されているのである。

さまざまな系譜的な保証と物語を通じて仁徳の即位は実現するものの、糸口のない互譲の物語の背景に設定された応神の意志は、仁徳の即位に暗い影を落としているといわねばならない。仁徳の皇統はこのように屈折した継承から出発するのである。

仁徳皇統の発端

さて、下巻の冒頭を飾る仁徳記の継承次第は、当然ながら第Ⅱ項のうちに内包されている。必要な限りを系譜化して図22に示してみる。

右の皇子女を総括する「凡《おほよ》そ、此の大雀天皇《おほさざきのすめらみこと》の御子等《たち》は、幷《あは》せて六王ぞ。〈男王は五柱、女王は一柱。〉」という総計につづき、〈説明部〉には、

故《かれ》、伊耶本和気命《いざほわけのみこと》は天下《あめのした》を治《をさ》めき。次に蝮《たぢひ》之《の》水歯《みづは》別《わけの》命も亦《また》、天下を治めき。次に

図22 仁徳記皇子女系譜

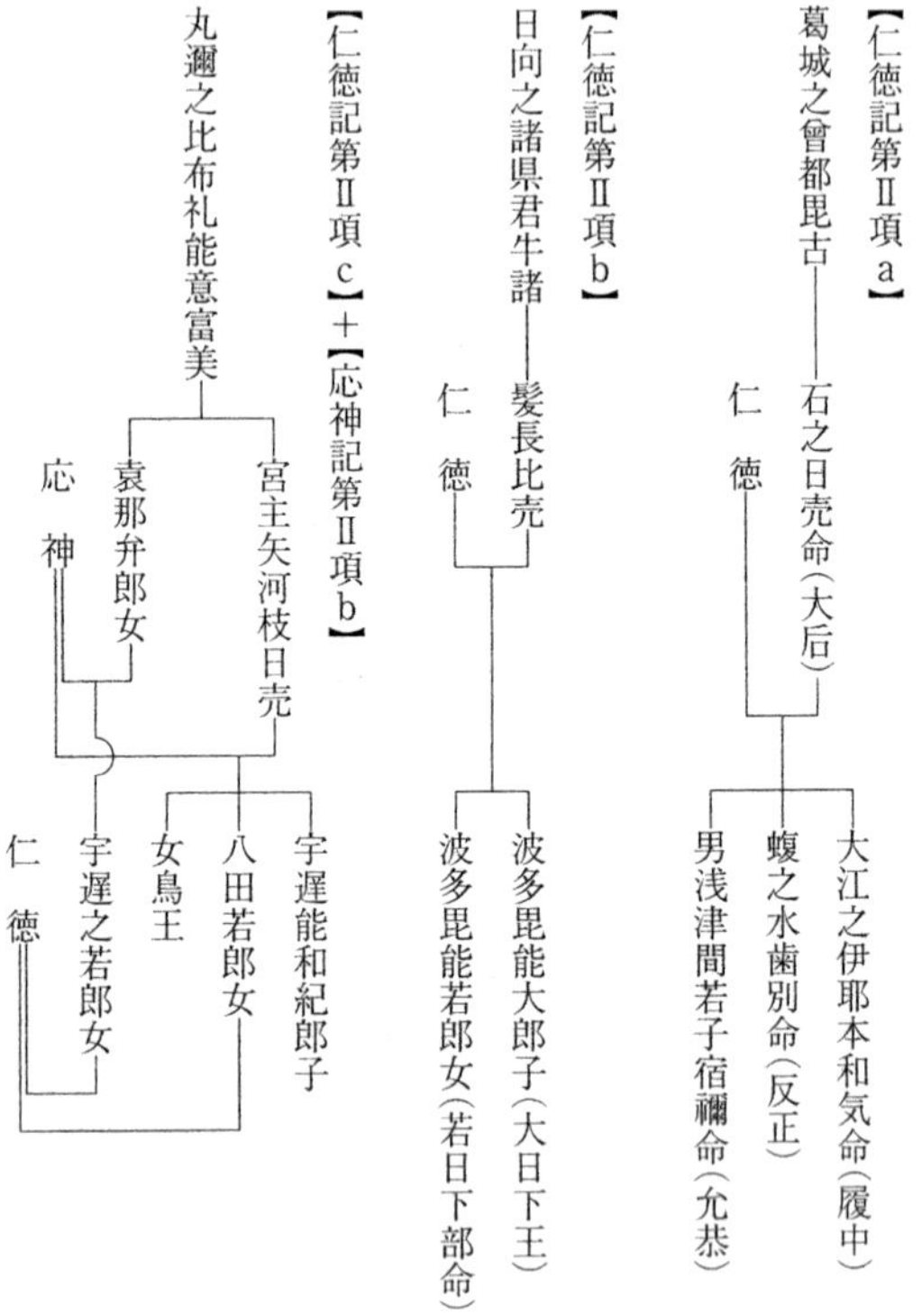

男浅津間若子宿禰《をあさつまわくごのすくねの》命も亦、天下を治めき。

と記され、「大后」と注記される石之日売《いわのひめの》命所生の三人の皇子が履中・反正・允恭として即位した次第が語られる。

第Ⅲ項は、①石之日売命・伊耶本和気《いざほわけの》命・水歯別《みずはわけの》命・大日下王《おおくさかのみこ》・若日下部王《わかくさかべのみこ》の御名代の設置、池堤・堀・江津・三宅の造営記事、②国見説話、③大后石之日売命の嫉妬の物語群（a黒日売《くろひめ》の物語、b八田若郎女《やたのわきいらつめ》の物語、c女鳥王《めどりのみこ》の物語）、④雁が国内で卵を生んだ物語、⑤巨木をめぐる物語からなる。

民衆の家の竈《かまど》から炊煙の発たないのを見て民衆の貧窮を悟り、課役を免じたという②の国見説話が「聖帝《ひじりのみかど》の世」という称辞で括られるように、下巻世界を開く仁徳記のテーマとして、「聖帝」仁徳像の定位が据えられていることは、すでに述べたごとくである。②の仁政を寿《ことほ》ぐものとして、祥瑞《しょうずい》の発現を語る④⑤は置かれており、②と④⑤とは相応じて「聖帝」仁徳治世の基本的枠組みを構成する。①に見える池堤・堀・江津等の治水事業も、こうした聖帝の事蹟として記されたものとも理解される。

ところで、②と④の間には、

其の大后石之日売《おほきさきいはのひめの》命は、嫉妬《うはなりねたみ》すること甚多《いとおほ》し。故《かれ》、天皇《すめらみこと》の使へる妾《みめ》は宮の中を臨《のぞ》むこと得ず。言立《ことだ》つれば、足母阿賀迦邇《あしもあがかに》嫉妬《うはなりねたみ》しき。

と語り起こされる大后の激しい嫉妬を軸に展開される物語が置かれているが、その分量は②と④を合わせたものの三倍以上にも及んでいる。

仁徳記の物語

②④を通じて描こうとする聖帝像と、③の大后の嫉妬物語との関係が改めて問われるが、「前段の『聖帝』とは似ても似つかぬ人間性豊かな天皇像が歌物語として描き出されてゐて微笑ましい」(倉野憲司『古事記全註釈』第七巻)、「『聖帝』がいかにもペンキぬりたての権威であったことが、ここに見えすいている」(西郷信綱『古事記注釈』第四巻)などの発言に見るように、聖帝像と大后の嫉妬の物語との間に乖離《かいり》が認められてきたことが知られる。

こうした通説に対し、③の中核をなす嫉妬の評価を夫婦和合を語るための要素と読み替え、聖帝仁徳を軸として読むべきことを説いたのは吉井巌『天皇の系譜と神話　二』である。吉井は上巻に見える大国主神《おおくにぬしのかみ》の嫡妻須勢理毘売《すせりびめ》の嫉妬、允恭紀《いんぎょう》に見える皇后忍坂《おしさかの》大中姫命《おおなかつひめみこと》の嫉妬の物語を通じて、嫉妬譚は偉大な嫡妻の嫉妬を和《なご》め得た偉大な始祖を語る話型で、その本質は和合の結果としてその皇統の繁栄を語ることを目的とすると論じ、仁徳記の全体を聖帝物語として一貫し得る可能性を示したのである。しかし、嫉妬譚の本質を大后との和合とする吉井の論では、③abの後に語られる女鳥王の求愛拒絶の物語(③c)を説明することができない。吉井論がcを「付篇」と位置づける所以《ゆえん》である。

吉井論が抱える問題を③cの後日譚に重心をかけることで解消しようとする試みもある

（前掲神野志『古事記の世界観』）。すでに触れたように、cの後日譚では速総別王《はやぶさわけのみこ》・女鳥王の追討に遣わされた将軍山部大楯連《やまべのおおたてのむらじ》が、殺害した女鳥王の玉鈕《たまくしろ》を剝ぎ取った罪を石之日売命が暴き、死刑に処したことが語られるが、こうした石之日売命の姿を聖帝にふさわしい「聖后」と捉え、cの全体を大后の徳を語る物語と位置づけるのである。同時に、石之日売命をはじめとして黒比売、八田若郎女、女鳥王などの複数の女性との交渉を、折口信夫《おりくちしのぶ》の〈色好み〉論を援用して王者に相応しい王徳を語るものと捉えようとする。

しかし、こうした解釈にしたがって下巻を読み進めるとき、皇統の繁栄を語る目的をもってめでたく開始されたはずの仁徳の皇統が、なぜ清寧・武烈の二度にわたって断絶の危機が語られるのかという疑問に直面する。何よりも、二度目の武烈代においては記紀ともに男系皇統の断絶を「天皇《すめらみこと》既に崩《かむあが》りますに、日継《ひつぎ》を知らすべき王《みこ》無し」と記し、仁徳皇統の終焉《しゅうえん》を明記するのである。石之日売命所生の履中・反正・允恭の三天皇が引き続いて即位していることは確かであるにしても、神田秀夫『古事記の構造』が指摘するように、仁徳以降の皇統譜は履中系と允恭系との対立という形で展開してゆくのであり、皇統のめでたき繁栄とは受け取りがたい面をもつ。

仁徳皇統の継承次第

すでに触れたように、允恭《いんぎょう》太子木梨之軽王《きなしのかるのみこ》は同母妹衣通王《そとおりのみこ》（軽大郎《かるのおおいらつ》女《め》）との近親相姦事件によって弟穴穂命《あなほのみこと》によって追放された果てに妹衣通王と心中し（允恭記）、正規の後継者軽《かるの》太子を追放して即位した安康は、臣下の讒言《ざんげん》を信じて非のない大日下王《おおくさかのみこ》を殺害したばかりか、その嫡妻長田大郎《ながたのおおいらつ》女《め》を略奪して自らの皇后とした人物として語られている。しかも、安康が略奪した長田大郎女は、図23（允恭記第Ⅱ項）に見るように、系譜上、安康の同母の姉に当たる人物である。本居宣長《もとおりのりなが》『古事記伝』は、長田大郎女が允恭の子であれば安康の同母姉になるので、后とするはずがないとして、雄略即位前紀に見える注記により履中皇女中蒂《なかし》姫皇女《ひめのひめみこ》の別名長田大娘皇女《ながたのおおいらつめのひめみこ》のこととするが、すでに確かめてきたように、『古事記』の皇位継承史は閉じた作品内部に施された仕かけ（物語や系譜的立場に関する情報）によって自立的に語る仕組みを作り出している。解読の手がかりは何よりもまず『古事記』の文脈によるべきで、ここは近親相姦によって追放された軽太子を追放して即位した安康も、略奪婚の結果、結局、軽太子と同じ近親相姦の罪を犯すというのが物語の趣向なのである。

前掲神田論によって「暗愚の帝王」と評された安康は、この後神聖な「神床《かむどこ》」で昼寝をするという愚行に及び、大日下王殺害事件の真相を大日下王の遺児目弱王《まよわのみこ》が知ったら復讐心を抱くのではないかという、長田大郎女に語ったことばを目弱王に聞かれ、自らの護身剣で暗殺される。軽太子を追放する原因となった近親相姦という仕かけは、まちがいなく安康をも規定しているといってよい。

つづいて安康後記で語られる物語では、事件を知った末弟大長谷王子《おおはつせのみこ》（後の雄略）は兄境《さかい》之《の》黒《くろ》日子《ひこ》王《のみこ》に、次いで八瓜《やつり》之《の》白《しろ》日子《ひこ》王に指示を仰ぐが、いずれも驚きもせず緊張感のない両兄の態度に腹を立て、黒日子王は斬殺し、白日子王は生き埋めにして殺害してしまい、結局、大長谷王子自身の手で都夫良意富美《つぶらおおみ》の家に逃げ込んだ目弱王を都夫良意富美ともども自刃に追い込み、ようやく事件は終結を見る。

図23　允恭記第Ⅱ項

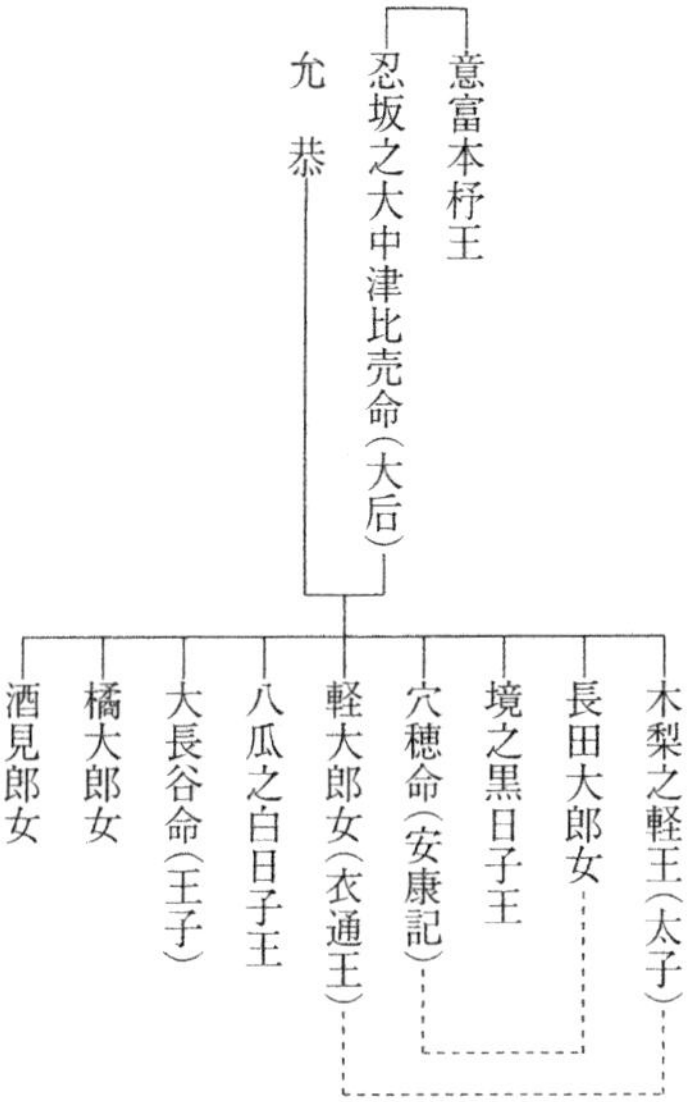

　ここまででもすでに凄惨な物語であるが、さらに物語はつづき、後日、大長谷王子は履中皇子市辺之忍歯王《いちのへのおしはのみこ》を狩の場に誘い出し、市辺之忍歯王のささいな発言

をめぐる行き違いから忍歯《おしはの》王を弓で射殺し、馬のかいば桶《おけ》に入れて墓も作らずに埋めてしまう。忍歯王のささいな発言とは、未明に大長谷王子の仮宮《かりみや》を訪れ、「未だ寤《さ》めず坐《いま》す。早く白《まを》すべし。夜は既に曙《あ》け訖《をは》りぬ。狩庭《かりには》に幸《いでま》すべし」というもので、地の文には「平《たひら》けき心を以《もち》て」と記し、忍歯王に悪意がなかったことを明記する。しかし、これに毒を感じた大長谷王子の伴人《ともびと》が「慎むべし。亦《また》、御身《みみ》を堅《かた》むべし」と進言したのを受けて、殺害に及ぶのである。父忍歯王の難を知った意祁《おけの》命（後の仁賢）・袁祁《おけの》命（後の顕宗）の兄弟は針間《はりま》に身を隠す。

允恭後記と安康記そして安康後記を通じて語られる物語はこのように血なまぐさい凄惨なもので、この一連の物語の結果、大長谷王子（雄略）と針間（播磨）に身を隠した意祁命（仁賢）・袁祁命（顕宗）を除き、仁徳皇統において皇位継承権をもつ主要な人物はすべて消去されることになる。要するに、軽太子の近親相姦物語以下の物語は、第Ⅱ項では語り得ない皇位継承の次第を物語という形式によって説明したものなのである。その趣旨は明瞭で、仁徳の次の世代から履中系と允恭系とに分裂する皇統の流れを、允恭系は雄略—清寧に、履中系は仁賢・顕宗の兄弟に限定するためである。その結果、清寧代で允恭系断絶後の仁徳皇統は、唯一、履中系の顕宗—仁賢—武烈に閉じられてしまうのである。

なお、允恭系皇統全体に対する罵倒の文脈が読み取れることは、前掲神田『古事記の構造』が明らかにしたところであるが、神田論ではこれを葛城氏を外戚とする履中系が允恭系皇統を「笑ひものにした伝説」と捉え、下巻皇統譜のベースに履中系皇統伝承の存在を想定し、下巻皇統譜と物語の中に顕宗・仁賢の即位に収斂《しゅうれん》する履中系皇統回復という大文脈を析出した。同時に、疎遠で対立した履中系と允恭系の両皇統が和解するのは、仁賢のときであり、仁徳グループの伝説は、仁賢の位置でまとめられ、継体グループに伝えられたという形成過程の動態をも示している。

ただし、履中系皇統伝承を下巻皇統譜の軸と考える神田論は、当然ながら履中系の顕宗・仁賢即位までの射程しかもたない。それゆえ、針間（播磨）への逃亡と皇位への復活という典型的な貴種流離譚の話型まで用意して、めでたく回復した履中系皇統が、なぜ次代の武烈で断絶するのかという点に関しては、文脈論的な説明をなし得ない。神田論が前掲水野論によって実体的な王朝交替の歴史を想定することでこの点を解釈する所以だが、ここに至って神田論の文脈論としての一貫性は放棄されることになる。

しかし、いずれにしても神田論のいう罵倒の文脈が允恭系皇統の継承次第に露骨に示されていることは明らかで、仁徳以下に展開する皇位継承次第が無条件にめでたい繁栄を語ると捉えることには問題があるといわねばならない。

大后の嫉妬

さて、再び仁徳記第Ⅲ項③の物語に話題を戻そう。石之日売命の嫉妬の物語の主題は、すでに物語の冒頭に

其の大后石之日売命《おほきさきいはのひめのみこと》は、嫉妬《うはなりねたみ》すること甚多《いとおほ》し。故《かれ》、天皇《すめらみこと》の使へる妾《みめ》は宮の中を臨《のぞ》むこと得ず。

と明示されている。これを受けて③aは「爾《しか》くして、天皇《すめらみこと》、吉備海部直《きびのあまべのあたひ》が女《むすめ》、名は黒日《くろひ》売《め》、その容姿端正《かたちきらきら》しと聞《き》こし看《め》して、喚《め》し上げて使ひき。然《しか》れども、其の大后の嫉《ねた》むを畏《かしこ》みて、本つ国に逃げ下りき」と語られ、結局、黒日売は吉備国《きびのくに》に追い帰され、「宮の中を臨《のぞ》むこと」が実現しなかった次第が語られる。

つづく③bも同様で、石之日売命が豊楽《とよのあかり》の準備のために外出中に、仁徳は八田若郎女《やたのわきいらつめ》と結婚するが、この噂を伝え聞いた石之日売命は怒って宮殿に戻らず、葛城の奴理能美《ぬりのみ》の家に行ってしまう。仁徳の説得と奴理能美の機知とによって石之日売命の怒りはおさまるが、しかし、その結末は仁徳と八田若郎女との間に交わされた次の唱和に収斂される。仁徳が使者を介して送った

八田《やた》の　一本菅《ひともとすげ》は　子持たず　立ちか荒れなむ　惜《あたら》ら菅原《すがはら》　言《こと》をこそ　菅原《すげはら》と言はめ

に対して、八田若郎女は次のように返している。

八田の　一本菅は　一人居《を》りとも　大君し　良しと聞こさば　一人居りとも
惜ら　清《すが》し女

仁徳は「八田の一本菅」に譬喩《ひゆ》される八田若郎女が子を持たずに年老いてゆくことを嘆き、八田若郎女は一生涯独り身で過ごそうとも、大君がそれでいいというのであれば、それでもよいというのである。八田若郎女もまた「宮の中を臨むこと」が出来なかったのである。

さらに③cは、右の結末を承けて、次のように語り起こされる。

亦《また》、天皇、其の弟速総別王《おとはやぶさわけのみこ》を以て媒《なかびと》として、庶妹女鳥王《ままいもめどりのみこ》を乞ひき。爾《しか》くして、女鳥王、速総別王に語りて曰はく、「大后の強《こは》きによりて、八田若郎女《やたのわきいらつめ》を治《をさ》め賜《たま》はず。故《かれ》、仕《つか》へ奉《まつ》らじと思ふ。吾《あ》は汝命《ながみこと》の妻《め》とならむ」といひて、即《すなは》ち相婚《あひあ》ひき。

「大后の強《こは》きによりて、八田若郎女《やたのわきいらつめ》を治《をさ》め賜《たま》はず」という女鳥王のことばを通じて語られているように、③cは吉井のいう「付篇」などではなく、その本質においてabと一つづきの物語であることが知られる。abcは冒頭に提示された大后の嫉妬を原因として、入内し得なかった女性達の姿を具体的に描いたものに他ならないのである。

また〈色好み〉が「その恋愛生活を、如何《いか》に整頓し、如何に破綻なくしてゐるかと言ふ事が、結局は、その尊い人の徳と言ふ事になつてゐる」（折口信夫『国文学』）のだとすれば、八田若郎女を、そして黒日売を治め得ぬ仁徳を〈色好み〉という枠によって捉えることには、いっそう無理があるといわねばならない。〈色好み〉がすぐれて王権の問題であるのは「多くの児孫を持つと言ふ事」（折口前掲書）、すなわち皇統の繁栄にかかっているからだが、③は全体を通じて石之日売命以外の后妃たちが「宮の中をえ臨まず」という事情を語るのである。〈色好み〉とは正反対のベクトルといわねばならない。

仁徳記と下巻皇統譜

これと密接に関わる指摘が、前掲神田論によって、仁徳記第Ⅱ項および履中・雄略記の第Ⅱ項をめぐってなされている。

i　仁徳は后妃と御子が少なすぎる。

ii　履仲・雄略も后妃と御子が少なすぎる。

右の二点は、継体に継承されることになる仁徳皇統譜を特徴づける顕著な要素であるが、少なすぎる后妃といい少なすぎる皇子女といい、いずれも嫉妬譚の意義を〈色好み〉を媒介として解読する立場に真っ向から抵触する。

さらに、i iiと不可分な指摘が吉井巌『天皇の系譜と神話』によってなされている。

iii　皇女である八田若郎女・宇遅之若郎女（ともに応神皇女）がありながら、臣籍出自の后妃石之日売命（葛城之曾都毘古の女）が「大后」とされる点は異例である。

iv　仁徳記には、子をなさなかった二人の后妃八田若郎女・宇遅之若郎女が記載されているが、この点も后妃の一般常識に反して異例である。

v　仁徳～雄略に至る六代の系譜中において、天皇の生母の多くが臣籍出身の后妃によって占められている。

右もまた后妃・皇子女をめぐる問題であり、仁徳皇統譜のありようを更に際立たせる指摘といえるだろう。吉井の指摘は、神田の指摘と並んで仁徳皇統譜の特徴を捉えた極めて重要なものである。すでに確かめたように、『古事記』の皇統譜において母系の出自が重要な要素として参与することは明らかであるから、神田・吉井論を通じて指摘された后妃と皇子女をめぐる異例性は、仁徳皇統譜に仕かけられた固有の問題として、文脈に即してその意味を問う必要がある。

六世紀の皇統に直系と傍系の二類の区別が認められるとする、前掲河内『古代政治史における天皇制の論理』の分析過程に改めて注目したい。河内は『日本書紀』に見える天皇が後代の天皇と異なる特徴の一つとして、皇女或いは皇族の女性を妻にもつ例が多いことを指摘し、それがもっとも鮮明に現われる六世紀に着目する。そのうえで女帝推古を除く

六世紀の天皇、仁賢・継体・安閑・宣化・欽明・敏達・用明に共通して認められる特徴として、

1　崇峻を例外として、妻の一人に皇女が存在する。

2　欽明・敏達のみ、その母は皇女だが、その他の天皇は氏所出の女性を母とする。

3　皇女を母とする欽明・敏達のみが子孫に皇位を伝え、氏出自の母をもつ安閑・宣化・用明・崇峻は一代限りで終わっている。

の三点を挙げ、そこから子孫に皇位を継承させることのできる直系天皇と、その資格をもたない傍系天皇の別を析出したのであった。河内が指摘するように、直系・傍系の別は婚姻形態に関わっており、「母、そして妻という女性の存在が、この時代の皇位継承を規定する重要な要素となっている」のである。

皇統の差別化

河内の分析結果を『古事記』の文脈上の問題として引き取りつつ、仁徳記に戻りたい。仁徳の大后石之日売命は仁徳記第Ⅱ項a（図22）に見るように葛城之曾都毘古の女《むすめ》であり、臣籍に出自する女性であった。③の嫉妬物語のはらむ問題性は、異例の臣籍出自の「大后」の嫉妬が原因となって後宮の秩序に混乱を来している点であり、さらに重要な点は、応神皇女である八田若郎女《やたのわきいらつめ》・女鳥王《めどりのみこ》が排斥される形に

なっている点である。ちなみに『古事記』中の「大后」の用例は、石之日売命と大物主神の女伊須気余理比売《いすけよりひめの》命（神武記）を除けば、すべて皇族に限られている。

吉備氏所出の黒日売《くろひめ》はともかくとしても、皇女八田若郎女の後宮入りが果たされず「子持たず」に終わったこと、さらに皇女女鳥王の死を賭しての求婚拒否は、皇統譜の文脈にとって極めて重たい意味をもつはずである。すでに見てきたように、皇女との婚姻関係は皇統の正系を形作るうえで極めて重要な意味をもつからである。なお、仁徳記第Ⅱ項には八田若郎女とともに、宇遅能若郎女《うじのわきいらつめ》について、わざわざ「此の二柱は御子無し」と注記するが、こうした処置は、述べてきたような皇統譜の文脈形成にとって不可欠であり、極めて周到に仁徳皇統譜の始発が語られていることが知られるのである。

かくて仁徳の皇統は、皇統譜の文脈において非正系の履中・反正・允恭に継承されるところから出発することになる。こうした仁徳皇統譜の文脈を形成するうえで、石之日売命以外で唯一子をなした髪長比売との婚姻が、仁徳記第Ⅱ項に下巻冒頭の巻でありながら「上《かみ》に云《い》へる日向《ひむか》の諸県君牛諸《もろあがたのきみうしもろ》が女《むすめ》、髪長比売《かみながひめ》を娶りて生みし御子は……」と記されているように、石之日売命の嫉妬に規制される下巻冒頭の時間ではなく、中巻の応神記第Ⅲ項の物語の時間に巧みに送り込まれている点にも注目すべきであろう（もっとも日向の諸県君牛諸の女髪長比売は臣籍の出自であるから、その所生子大日下王《おおくさかのみこ》の継承順位は「大后」石之日売命所生子の下位に位置づけられる)。

神田・吉井両論の指摘する仁徳皇統譜の異例性 i iii ivは、こうした皇統譜の構想と不可分な問題だったのである。ii vは当然ながら履中以下の皇統譜の文脈に関わっている。右の如く異例の継承から出発した仁徳の皇統譜は、その後も周到に展開されてゆく。

その長兄履中の后妃は「葛城之曾都比古《かづらきのそつびこ》が子、葦田宿禰《あしだのすくね》が女《むすめ》、名は黒比売命《くろひめのみこと》」一人(履中記第Ⅱ項)、履中を継いだ反正の后妃は「丸邇之許碁登臣《わにのこごとのおみ》が女《むすめ》、都怒郎女《つののいらつめ》」「同じ臣が女、弟比売《おとひめ》」の二人であるが、いずれも臣籍出自の后妃で皇位を子孫に伝えていない。この点、河内論のいう傍系皇統に適合的である。唯一、皇統を安康・雄略に伝えている允恭記第Ⅱ項には「意富本杼王《おほほどのみこ》の妹《いも》、忍坂之大中津比売命《おしさかのおほなかつひめのみこと》」とあって、応神の皇孫を「大后」としている点が改めて注目されよう。

允恭を継ぐはずの軽《かるの》太子は近親相姦の物語を通じて排除され、允恭の後を継いだ安康は物語を通じて目弱王《まよわのみこ》に殺害されたことを語り、略奪婚であれ「皇后」長田大郎女の子目弱王も大長谷王子によって自害に追い込まれている。先夫大日下王と長田大郎女との間に生まれた目弱王に安康の皇位を継ぐ資格があるのか否か判断がむずかしいが、いずれにしても、先に示した仁徳記第Ⅱ項b（図22）の系統の皇系は目弱王の死によって絶えている。

安康を継いだ雄略も、その輝かしい治世とは裏腹に皇統譜の文脈においては「大日下王《おほくさかのみこ》の妹《いも》、若日下部王《わかくさかべのみこ》を娶りたまひき。〈子無し。〉」とあるように、仁徳皇女若日下部王《わかくさかべのみこ》との間には子をなし得ず、「都夫良意富美《つぶらのおほみ》が女《むすめ》、韓比売《からひめ》」との間に清寧が生まれている。かくて、「この天皇、皇后なく亦御子もなかりき」とされ、允恭系の断絶を担う清寧は、当初から臣籍出自の韓比売所生という非正系の天皇として位置づけられていたのである。

さて、針間《はりま》（播磨）への逃亡という貴種流離譚を通じて履中系皇統を回復した顕宗・仁賢の兄弟の父市辺之忍歯王《いちのへのおしはのみこ》の婚姻関係は、履中記その他に記されていない。しかし、履中記第Ⅱ項に「葛城之曾都比古《かづらきのそつびこ》が子、葦田宿禰《あしだのすくね》が女《むすめ》、名は黒比売《くろひめの》命」とあったように、忍歯王の母黒比売命は葛城氏出身であり、皇統の非正系性は履中―忍歯王を通じて顕宗・仁賢を規定しているとも見られる。ただ、顕宗記系譜に記す「天皇、石木王《いはきのみこ》の女《むすめ》、難波王《なにはのみこ》を娶りき。子无《な》し」という婚姻関係は、石木王の出自が未詳ながら、「王」号をもつことからみて皇族として扱われていることは明らかである。所生子は正系の皇統となる可能性をもつが、「子无し」と明記されているように皇統を形成することなく終わっている。

系譜の統合

さて、「子无《な》」き顕宗の後を継いだ兄仁賢は、父市辺之忍歯王を殺害した雄略の皇女春日大郎女《かすがのおおいらつめ》を后妃として武烈を含む七人の皇子女をなす。前掲神田論によって履中系と允恭系との和解の文脈として読み説かれた仁賢記第Ⅱ項は、物語を通じて展開された両系の対立を統合する一方、皇統譜の文脈においては允恭と忍坂之大中津比売命の婚姻以来、仁徳皇統譜中において二度目の正系の皇統を作り出す。

天皇《すめらみこと》、大長谷若建《おほはつせわかたけるの》天皇の御子、春日大郎女《かすがのおほいらつめ》を娶りて生みし御子は、高木郎女《たかぎのいらつめ》。次に財郎女《たからの》。次に久須毘郎女《くすびの》。次に手白髪郎女《たしらかの》。次に小長谷若雀命《をはつせのわかさざきの》。次に真若王《まわかのみこ》。

ところが、仁賢の正系である小長谷若雀命《おはつせわかさざきの》（武烈）は「此の天皇、太子無し」とされて（武烈記第Ⅱ項）、ここにおいて仁徳の男系皇統はついに断絶する。

ここまでの下巻皇統譜の文脈は、各天皇記の第Ⅱ項に語られる后妃の出自と所生子の有無、そして物語によって断絶までの道筋が辿れるように構成されているといってよい。しかし、この断絶を承けて即位することになる継体への継承は、『日本書紀』のように物語が用意されているわけではないので、読み解きにくい印象を受ける。しかし、確かめて来たように、継承関係に問題がある場合、物語や系譜的保証などの要素を組み込んで継承次第を説明し、必然化するのが『古事記』の常套的な手法であったことから見て、ここは物語なしに必然的な継承次第が形成されていることになる。

継体即位を必然化する文脈的・系譜的要素が、武烈後記に語られる仁賢皇女手白髪命との婚姻であることはいうまでもない。仁徳皇統に連なる手白髪命との婚姻を通じて、継体は武烈の後を継ぐというのが直接的な即位の保証である。ただし、その場合応神五世孫という継体の系譜的立場は単に皇統の末端に連なるという程度の消極的な意味しかもたないことになり、舒明以下に展開する現代皇統の直接の始祖の即位次第としては納得しがたいものというべきではあるまいか。

もちろん仁賢皇女手白髪命との婚姻は、われわれが感じる以上に積極的なものと受け止めるべきだが、それにしても継嗣令1皇兄弟皇子条に「親王より五世は、王の名得たりと雖《いふと》も、皇親の限に在らず」と規定されるように、「皇親の限に在らず」とされる系譜的立場の弱さは否定すべくもない。五世王は慶雲《けいうん》三（七〇六）年二月庚寅の制によって「皇親の限」に組み込まれることになるが（『続日本紀』）、それでもなお継嗣令4王娶親王条では五世王の親王との婚姻を禁じている。『日本書紀』が継体の即位を先行させ、手白香皇女《たしらかのひめみこ》との婚姻を即位後に語るのは、この規定をクリアするためである（矢嶋「『古事記』の時代性」）。『古事記』が手白髪命との婚姻を即位の条件として語っていることから推測すれば、皇兄弟皇子条や王娶親王条に相当する規定は天武朝の段階ではなかったと思われるが、それにしてもこうした継体の系譜的立場が有利であったはずはない。

もちろん、皇統の断絶という文脈自体、応神五世孫の継体即位を必然化しているわけだが、そのままでは消極的な理由づけでしかなく、積極的な意味をもつわけではない。

そこで、視点を拡大して、仁徳から武烈に至る皇統譜を一括して捉える立場から、右の問題を捉え直してみたい。仁徳の皇統をトータルに捉える時、その皇統譜の始発に施された文脈的仕かけは、この場合、滅びてしまった皇統のすべてを規定していると見ることもできる。すでに述べてきたように、仁徳記の系譜は石之日売命の嫉妬の物語を通じて皇女との婚姻関係を排除し、ただ一人臣籍出自の「大后」に始発したのであった。その極めて異例で意図的な始発自体、非正系の皇統ということができるが、そうだとすれば始発に施された仕かけは、仁徳の皇統が途絶するまで規定し続けることになる。裏面からいえば、異例で意図的に始発した仁徳と石之日売命に始発する非正系の皇統は、いずれ本来の皇統に復さねばならぬという文脈的意味を含みもつ。仁徳の皇統と継体以下の皇統とは、こうした文脈の上に接合され、継承されているのだと見られる。武烈代の断絶は、仁徳系譜の始発にはらまれていたのである。

継体皇統への接続

応神五世孫という系譜的地位をもって皇位に即いた継体は、仁賢皇女手白髪命との婚姻以外に即位の必然を語る物語や要素をもたないが、下巻の皇統譜の文脈にそって読む限り、仁徳〜武烈に至る皇統を長大な非正系と位置づけることによって、自らの皇統を正統化する論理を構築しているものと考えられるのである。応神五世孫という系譜のもつ意味は、非正系にかわって皇統を引き継ぐうえで必要な文脈的装置でありつつ、中巻において達成された世界をも引き継ぐことを再確認する意味をもつ。同時に、仁賢皇女手白髪命との婚姻を通じて、仁徳皇統を通じて語られる治蹟全体をも継承することは改めて確認するまでもあるまい。

応神五世孫という継体の系譜的地位に関し、さまざまな議論が展開されてきているが、「品太天皇《ほむだのすめらみこと》の五世孫《いつつぎのうまご》」とのみ記してその間の具体的世系を示さないのは下巻皇統譜の文脈に即した必然的な形ということができる。なぜなら、もし具体的実名を挙げつつ五世間の系譜を構成するとすれば、系譜自体に継体即位を必然化する正統性が盛り込まれねばならないが、そうした応神五世系譜の正統性の主張は、仁徳皇統が存在すること自体に抵触することになるはずである。また、仁徳皇統の存在をそのまま容認しながら、応神五世系譜を非正系として位置づけるならば、継体即位の必然性は極めて弱い主張にとどまらざる

図24　下巻皇統譜（前半）

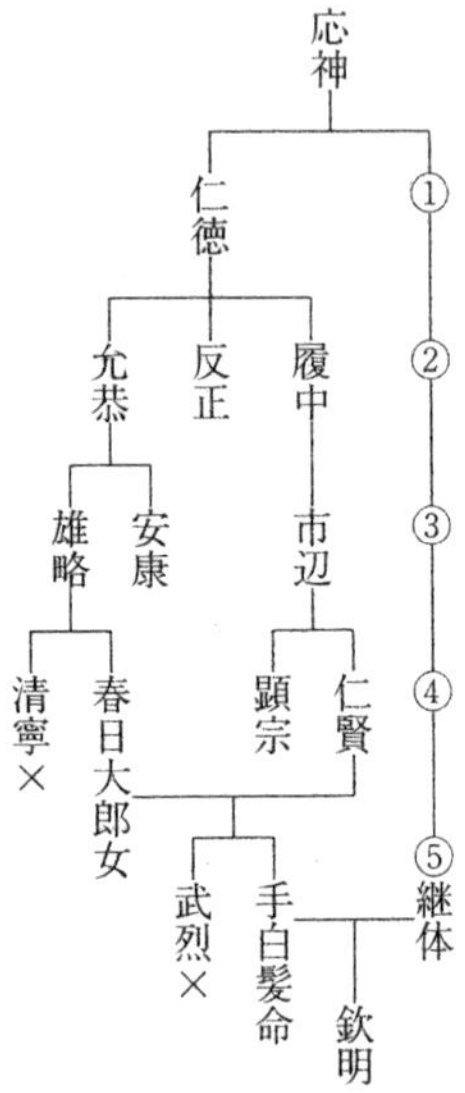

を得ないだろう。しかも、仁徳皇統に対して応神五世系譜の正統性を主張するとすれば、それぞれの世代に皇女・皇族妃との婚姻を語ることを通じて正系の皇統を保証することになるが、まったく別系の皇統が存在しない以上、仁徳皇統譜中に必然的に組み込まれる結果を招く。臣籍出自の后妃との婚姻を語りつつ応神五世系譜を構成する場合には、自らの非正系性を強調することになる。応神からの世代数のみを記し、具体的系譜を示さないことで、はじめて継体即位の正統性は成り立つのだといえよう。

七出と妬忌

仁徳記の石之日売命の嫉妬の物語について、多少の補足を述べておこう。

前章に述べたように、下巻世界は強く儒教的倫理観に規制されているが、儒教的倫理観では后妃の徳は嫉妬をしないことに求められている。戸令《こりょう》28七出条には

凡《おほよ》そ妻棄《す》てむことは、七出の状有るべし。一には子無き。二には淫泆《いむしち》。三には舅姑《きうこ》に事《つか》へず。四には口舌《くぜち》。五には盗窃《たうせち》。六には妬忌《とき》。七には悪疾《あくしち》。

とあり、「妬忌」（嫉妬）は離縁の事由の一つにさえ数えられている。仁徳像の造型原理が儒教的聖帝像にあったことは明らかで、だとすれば仁徳記の構想に儒教的な后妃の徳が視野にまったくなかったとは考えがたい。嫉妬を愛情の深さを示すものとして意図的に本質をすりかえたり、石之日売命の嫉妬と上巻の須勢理毘売《すせりびめ》のそれとを同質なものと捉えて、神話的に嫉妬を解読して済ますわけにはゆくまい。すでに確かめてきたように、そこには上巻と下巻の差が横たわっているからである。しかも、『古事記』では、その嫡妻《ちゃくさい》須勢理毘売と大国主神との間には、結局一人の子どもも生まれていないことも付け加えておこう。

また、皇女・皇族の后妃と臣籍出自の后妃とが対比的に語られる石之日売命の物語群が、王臣秩序を主題に据える下巻の構想と連動するものであることはいうまでもない。

推古から舒明へ

『古事記』が推古記で終わる理由についてさまざまな議論があるが、述べてきた皇統譜の文脈からいえば、欽明と「宗賀之稲目大臣《そがのいなめのおおおみ》が女《むすめ》、岐多斯比売《きたしひめ》」との婚姻を通じて生まれた用明・推古、そして欽明と「岐多斯毘売命の姨《をば》、小兄比売」との婚姻を通じて生まれた崇峻はいずれも非正系として位置づけられることになり、継体以降欽明・敏達と継承されてきた正系の皇統が、敏達忍坂日子人《おしさかのひこひとの》太子を経て、「岡本宮に坐して天の下治めたまひし天皇」（舒明）に継承される必然性が語られていると読むことができる。前章に触れたように、天皇記の第Ⅱ項は何らかの記述があるのを原則とする中にあって、崇峻・推古の下巻末尾の二天皇記にはそれが欠けていたが、右のように見てくるとき、むしろ意図的に記述を省いた可能性が考えられるのである。

書名によれば、『古事記』は推古以前を「古」と捉えていることが明らかだが、その「古」を承けて新しい時代を開く舒明皇統に復すべき文脈が用意されているのである。

元明朝の『古事記』――エピローグ

(1)天武朝の『古事記』

天武の後宮と王姓母

『古事記』が天武《てんむ》朝に成立したことは序文に明らかだが、そのことは前章に見てきた皇位継承原理にも色濃く反映しているように思われる。

後宮職員令1妃条には「妃《ひ》二員　右は四品《しほむ》以上」とあって、「妃」は品位をもつ皇女に限定されており、「三位以上」とされる「夫人《ぶにん》」、「四位以上」とされる「嬪《ひん》」とは出自の点で区別されていたことが知られている。こうした后妃の身分を規定する制度は持統《じとう》三(六八九)年六月に頒布された浄御原令《きよみはらりよう》において、はじめて定められたものとされている（青木和夫『日本律令国家論攷』）。

天武紀二年二月癸未条に見える后妃皇子女関連記事には、すでにその出自によって「妃」（鸕野《うのの》皇女・大田皇女・大江皇女・新田部《にいたべの》皇女〈すべて天智皇女〉）、「夫人」（氷上娘《ひかみのいらつめ》・五百重娘《いおえのいらつめ》〈ともに藤原鎌足の女《むすめ》〉、大蕤《おおぬの》娘〈蘇我赤兄《そがのあかえ》の女〉）、それに身分の記述がないグループ（額田姫王《ぬかたのおおきみ》〈鏡王の女〉、尼子娘《あまこのいらつめ》〈胸形君《むなかたのきみ》徳善の女〉、檝媛《かじひめ》〈宍人臣大麻呂《ししひとのおみおおまろ》の女〉）に区分されているが、これらは天武の死後、浄御原令に基づいて整理されたものとされる（青木前掲書）。

ただし、浄御原令の編纂自体はすでに天武十（六八一）年二月に開始されており、そこに反映されるような実体ないしアイデアは天武朝の段階でもたれていた可能性はある。天武十四（六八五）年正月には王・臣の別を明確化する爵位の改正が行なわれており、さらに遡れば天武八年正月戊子には、諸王・諸臣・百寮《ももつかさ》に兄姉以上の親族・氏長以外に対する正月拝賀を禁じ、また諸王には非王姓母、諸臣には卑母に対する正月拝賀を禁じた、次のような詔《みことのり》が発されている。

凡《おほよ》そ正月の節に当たりて、諸王・諸臣及び百寮は、兄姉以上《よりかみつかた》の親《うから》及び己が氏長を除《お》きて、以外《このほか》は拝《をろが》むこと莫《まな》。其の諸王は、母と雖《いふと》も王姓に非ずは拝むこと莫《まな》。凡そ諸臣は、亦卑母を拝むこと莫。正月の節に非ずと雖も、復此《またこれ》に准《なずら》へ。若《も》し犯す者有らば、事に随《したが》ひて罪せむ。

注目されるのは、諸王に対して「王姓」すなわち皇親でない母に対する正月拝賀を禁じた部分で、諸臣の場合の「卑母」とともに、特に母系の出自のみを問題として制限を加えているのである。しかも、「正月の節に非ずと雖も、復此に准《なずら》へ」と記されているように、実際には正月に限らず常態的に尊属に対する拝礼に制限を加えるものであった。

天武紀では親王と諸王とを区別しているので、ここにいう諸王は皇子女を含むものではないとはいえ、まったく無関係であったとは考えにくい。右の内容を皇子女の出自に適用すれば、事実上、生母の出自によって王姓母所生の皇子女と非王姓母所生の皇子女が序列化されてしまうことになる。この詔が発されたちょうど二ヵ月後、天武自ら「後岡本天《のちのをかもとのすめら》皇陵《みことのみささぎ》」を拝している（天武紀八年三月丁亥条）。後岡本天皇すなわち斉明《さいめい》（皇極《こうぎょく》）は、天武の母、舒明皇后で、皇極即位前紀によれば、敏達《びだつ》の曾孫《そうそん》、敏達皇子押坂彦人大兄《おしさかのひこひとおおえの》皇子の孫に当たり、父は敏達皇孫茅渟《ちぬ》王、母は吉備姫《きびつひめの》王とある。もちろん、二度も皇位についたわけだから、すべての身分を超越しているが、出自自体は右の詔にいう王姓母に当たる。

さて、天武が諸王の生母を王姓と非王姓とに分かつのは、一つには自らの皇位継承の必然性を説く根拠としての意味が考えられる。天智紀《てんじ》七年二月戊寅条に見える天智の后妃皇子女関連記事には、天武と皇位を争った大友皇子の生母は非王姓の「宮人」伊賀采女宅子《いがのうねめやかこの》娘《いらつめ》と記されているからである。

草壁皇子立太子と『養老律令』『古事記』

ただし、王姓母と非王姓母とを区別する先の詔が、天武自らの地位を保証するために発されたものとすると、壬申《じんしん》の乱後すでに七年半もの歳月が経過している点が問題となる。後岡本天皇陵を拝したさらに二ヵ月後の五月乙酉には、天武・皇后と草壁《くさかべ》・大津・高市《たけち》・河島《かわしま》・忍壁《おさかべ》・芝基《しき》の六皇子によって吉野の盟約が行なわれている。盟約の内容は、皇子たちは天皇の命に従い互いに助け合ってゆくことを誓い、天武はすべて自身の子どものように慈《いつく》しむことを誓うというものであったが、この盟約については早くから草壁皇子即位に向けたセレモニーとする見解が提出されていた（北山茂夫『日本古代政治史の研究』）。

この吉野の盟約と草壁皇子立太子《りったいし》との間には、実際には約一年半の期間があることから、盟約の目的を鸕野皇女立后とする見解もあるが（寺西貞弘『古代天皇制史論』）、鸕野皇女の立后自体、皇后所生子の即位という原則（古くは「大后」所生子の即位）にしたがって草壁皇子即位の道筋を強化するわけだから、その内実は草壁皇子立太子のためのセレモニーとする一般的な理解とそれほど大きな違いはない。

その吉野の盟約に参加した六皇子のうち王姓母所生子は、天武「正妃」鸕野皇女所生の草壁皇子と天武「妃」大田皇女所生の大津皇子の二人に限定されてしまうのである。吉野の盟約の一年半後の十年二月甲子（二十五日）、浄御原（律）令編纂を命じたその日に、草壁皇子は立太子し、国政を執り行なっている。

天皇・皇后、共に大極殿に居《おは》しまして、親王・諸王及び諸臣を喚《め》して、詔《みことのり》して曰《のりたま》はく、「朕《あれ》、今より更《また》律令を定め、法式を改めむと欲《おも》ふ。……」とのりたまふ。是の日に、草壁皇子尊《くさかべのみこのみこと》を立てて皇太子《ひつぎのみこ》とす。因りて万機《よろづのまつりごと》を摂《ふさねをさ》めしめたまふ。

いわゆる近江《おうみ》令は、天智十年正月癸卯（五日）の大友皇子太政大臣就任を承けて、翌甲辰（六日）に公布されていた。

東宮太皇弟奉宣して、〈或本に云はく、大友皇子宣命す。〉冠位・法度の事を施行《おこな》ひたまふ。天下に大赦す。〈法度・冠位の名は、具《つぶさ》に新《あらた》しき律令に載せたり〉。

律令と皇継との不可分な関係については、近江令と大友皇子、浄御原令と草壁皇子（井上光貞「日本律令の成立とその注釈書」）、大宝律令と軽皇子（井上亘『日本古代の天皇と祭儀』）、養老律令と首皇子（利光三津夫『続律令制とその周辺』）をめぐって、すでに説かれているとおりである。

天武十年三月丙戌（十七日）の帝紀《ていき》と上古諸事《じょうこしょじ》の記定事業は、草壁皇子立太子から二〇日ほどを経過したときに命じられている。『古事記』成立の原点に草壁皇子立太子を据えて捉えようとする金井清一「古事記　解説」の所説が改めて注目されるのである。

さて、右に辿ってきた天武朝の一連の動向を踏まえていえば、天武八年に出された非王姓母拝礼の禁止の意図は、生母の出自に基づく皇子女の差別化にあったことが明らかである。より直截的にいえば、王姓母による皇統の保証・限定である。

こうした制度導入の背景に、壬申の乱の苦い経験があったことは否定できない。しかし、厳密に制度化されていなかったとはいえ、前章に述べたように、継体《けいたい》以下の皇統は、仁賢皇女手白髪命《たしらかのみこと》所生の欽明―宣化皇女石比売命《いわひめのみこと》所生の敏達―王姓母広比売命《ひろひめのみこと》（息長真手王《おきながのまてのみこ》の女《むすめ》）所生の忍坂日子人《おしさかのひこひとの》太子―敏達皇女田村王《たむらのみこ》所生の舒明といったように、事実上、王姓母を通じて正系が実現されてきたのであった。前掲河内『古代政治史における天皇制の論理』では、こうした継承原理は五世紀の倭の五王の時代に成立していた可能性が想定されているが、記紀の分析に依拠してそのように結論づけるのは少々危険である。確かめてきたように記紀の皇統譜は編纂時の操作を承けて成立しているからである。

薗田香融《こうゆう》『日本古代財政史の研究』が指摘するように、こうした継承原理形成の背景には六世紀の後半から顕著になる蘇我氏の外戚《がいせき》化の浸透・拡大があり、それに対抗する手段として皇族内部における婚姻に特殊な意味が見いだされていったと考える方が実体に即していよう。そのようにして蘇我系の血縁を排除し得た押坂彦人大兄皇子《おしさかのひこひとおおえのみこ》は、「皇祖大兄」と称されたのである（孝徳《こうとく》紀大化二年三月壬午条）。天武朝に制度化される王姓母による皇統の保証・限定というシステムは、こうした歴史に起源をもち、それを先鋭化して成立したものといってよい。

『古事記』の皇統譜や物語に見いだされる母系による保証原理は、草壁皇子の即位を睨んだ、こうした天武朝の動向を抜きにしては理解することができない。「偽書説とは何か」の章に触れた内部徴証の多くが天武朝を指し示すのは、序文の記すように、この書物の成立へ向けての胎動期が天武朝であったことを示している。

(2)元明朝の『古事記』

天武の遺産

天武十（六八一）年に開始された帝紀・上古諸事の記定作業は、ある程度進められたことは事実としても、朱鳥元《しゅちょう》（六八六）年九月に天武が亡くなった段階では、未完の部分が残された状態であったと考えるのが自然であろう。「偽書説とは何か」の章で推測したように、帝紀が『日本書紀』につながる史書であるとすれば、完成までに要した時間から見て、特に帝紀の進捗状況ははかばかしくなかったものと思われる。

ところで、二年にわたって行なわれた天武の殯《もがり》の儀礼が終わり、大内陵《おおうち》への埋葬が済んだ（持統紀二年十一月乙丑条）わずか四ヵ月後の持統三（六八九）年四月、浄御原（律）令と帝紀・上古諸事によって保証されるはずだった草壁皇子その人が、二十八歳の若さで亡くなってしまう（持統紀三年四月乙未条）。浄御原令はその年の六月に頒布されるが（同月庚戌条）、帝紀と上古諸事は保証の対象を失ったまま宙に浮いてしまうことになった。

さて、持統・文武《もんむ》二朝を挟んで、元明朝に至って再び「稗田阿礼《ひえだのあれ》が誦《よ》める勅語の旧辞」が注目されたのはなぜだろうか。端的にいって、草壁皇子の受けるはずだった保証を首《おびとの》皇子（聖武）に転用するためであったと見られる。そもそも元明《げんめい》・元正《げんしょう》二代にわたる女帝は、元正から聖武への譲位の宣命《せんみょう》に「此の食国天下《をすくにあめのした》は、掛《か》けまくも畏《かしこ》き藤原宮《ふぢはらのみや》に天《あめの》下《した》知らしめしし、みましの父と坐《いま》す天皇の、みましに賜《たま》ひし天下の業《わざ》」とあるように（続紀神亀元年二月甲午条）、「みましの父と坐す天皇」（文武）が「みまし」（首《おびとの》皇子）に賜った皇位を中継ぎする立場の天皇であった（上田正昭『女帝』）。その間、首皇子の地位を保証するために養老律令の編纂が藤原不比等《ふひと》によって画策され（利光前掲書）、養老四年五月には『日本書紀』の献上を見る。

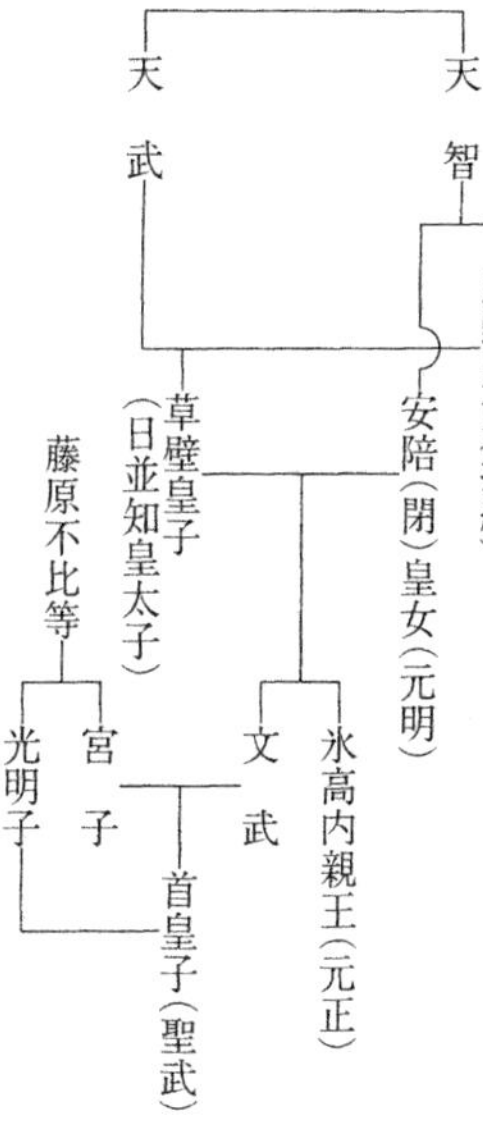

図25　首皇子（聖武）出自系譜

元明朝和銅《わどう》四（七一一）年九月十八日（『古事記』序文）に、「稗田阿礼が誦《よ》める勅語の旧辞」編纂の命令が太安万侶《おおのやすまろ》に下った理由を考えてみよう。この点については、和銅七（七一四）年六月にひかえた首皇子の元服（続紀和銅七年六月庚辰条）と立太子（同聖武即位前紀に「和銅七年六月、立ちて皇太子となりたまふ。時に年十四」とある）を睨《にら》んで、「さしあたって撰進させた史書」と捉える青木和夫『白鳳・天平の時代』の説くところが実体を捉えたものと思われる。本来、首皇子の立場を保証する史書は、後に完成を見る正史『日本書紀』でなければならないが、編纂の進捗状況から見て和銅四年の段階では首皇子が元服を迎える和銅七年六月までには完成の目処が立っていなかったものと推測される。現に『日本書紀』が完成を見るのは、その六年後のことである。かつて草壁皇子（首皇子の祖父）を保証する歴史として帝紀とともに編纂が進められた上古諸事（「稗田阿礼が誦める勅語の旧辞」）に目が向けられたのは、こうした事情によると考えると整合的に理解できる。

元明朝の『古事記』

『続日本紀』には、首皇子立太子の前年和銅六年十一月乙丑条に「石川・紀の二嬪の号を貶《おと》し、嬪《ひん》と称《な》ること得ざらしむ」という記事が見え、突然、文武の二人の嬪から嬪号が剝奪されている。石川・紀二嬪とは続紀文武元年八月癸未条に「藤原朝臣宮子娘《ふぢはらのあそみみやこのいらつめ》を夫人とし、紀《きの》朝臣竈門娘《かまどのいらつめ》・石川朝臣刀子娘《とねのいらつめ》を妃とす」（「妃」は「嬪」の誤かとされる）と見える紀朝臣竈門娘と石川朝臣刀子娘の二人である。しかも、石川刀子娘と文武の間には皇子広成があったことも明らかにされている（角田文衛『律令国家の展開』）。首皇子の生母藤原宮子はいうまでもなく非王姓母であるから、

「夫人」という立場にあるとはいえ、石川・紀二嬪に対して絶対的な優位性をもつわけではなかったのである。令制では「妃」「夫人」「嬪」以外の所生子は皇子の列に加わることができないので、首皇子立太子直前の「嬪」号の剝奪は皇位継承面で極めて重たい意味をもったといえる。

青木のいう「さしあたって撰進させた史書」の「さしあたって」とは、もちろん『日本書紀』の成立までの間という意味であるが、それ以上に『古事記』の描く皇位継承次第は、首皇子にとって諸刃《もろは》の剣《つるぎ》となる可能性をもっている。第一義的には壬申の乱を経て絶対的な天皇権を獲得した天武によって編纂された「勅語の旧辞」という遺産を首皇子が相続するところに意味があるわけだが、確かめてきたように『古事記』の描く皇位継承史は天武―草壁皇子を保証するために適合的な、王姓母に基づく皇統の保証という面を強くもっている。石川・紀二嬪から「嬪」号を剝奪することで、当面、首皇子の即位の障害となるライバルは排除されたとはいえ、天武自身と草壁皇子を保証するはずだった皇位継承の原理そのものが、逆に首皇子の系譜的立場のマイナスの保証になりかねないのである。

この点、『日本書紀』では生母の出自にかかわらず皇后所生子の即位の原則と立太子とによって皇位継承次第をほぼ一貫しているので、首皇子即位にまったく適合した形になっている。「偽書説とは何か」の章に詳述したように、正史『日本書紀』成立以後、『古事記』が歴史の表舞台から姿を消してゆく理由の一端は、そこにあったといえよう。

もちろん、元明朝に成立した『古事記』は、皇祖神天照大御神《あまてらすおおみかみ》を前面に押し出し、王権全体を強力に保証するなど、上中巻の歴史の充実に力を注いでいる。全体は首尾一貫した統一ある歴史として整えられ、文字・表記にも統一が施された。

しかし、「帝紀」と並称される「旧辞」ないし「上古諸事」は、その名称や現在の『古事記』の姿形からもうかがえるように、当初から編年という基軸をもたなかったと推測される。「帝皇日継《すめらみことのひつぎ》」が稗田阿礼によって同時に誦習されたのは、歴史の時間軸として帝皇日継（皇位継承次第）が是非とも必要とされたためと考えられるが、帝皇日継を基軸に据えることで形作られた歴史の全体がいかに一貫性をもつものであったとしても（事実、現行の『古事記』はみごとに成功している）、所詮正史の補助的・補足的な存在以上のものにはなり得ないであろう。『日本書紀』成立後の『古事記』が辿るはずの運命は、すでに書名そのもののうちにはらまれていたのである。

あとがき

『古事記』は徹底した〈理〉の書である。三巻に盛り込まれた情報は、透徹した論理のもとに構成され、相互に関連しつつ、歴史の構想を実現する。たとえば、孝霊《こうれい》記にはいわゆる〈欠史八代〉の中で唯一王化の領域拡大の歴史が語られているが、その事績を担う若《わか》建《たけ》吉備津日子命《きびつひこのみこと》の女《むすめ》針間之大郎女《はりまのおおいらつめ》は、後に景行妃として小碓命《おうすのみこと》（倭建命《やまとたけるのみこと》）を生んでいる。孤立して見える孝霊記の吉備平定の事績も、実は系譜面、歴史の展開の面で、倭建命による東西平定の歴史の前史としての意味が与えられているのである。こうした仕かけは全巻にわたって縦横に張りめぐらされており、そのうちもっとも露骨な仕かけが皇祖神天照大御神《あまてらすおおみかみ》といえようか。

　このように透徹した論理性に貫かれた書物は、古典はもちろん、近現代に書かれた読み物を含めてもほとんど類例がなく、それが『古事記』の魅力となっている。もちろん、

『古事記』には〈情〉を語る場面もふんだんに盛り込まれており、しかも、それらは情況に応じて登場人物の心の襞《ひだ》まで読み取れるように巧みに表現されている。

しかし、『古事記』における〈情〉は、歴史の文脈を説明し、充足し、必然化するための手段として存在するのであって、徹頭徹尾〈理〉のコントロール下に置かれ、操作されている。今日の目で見て、いかに文学性を獲得し得ていたとしても、自立した文学とは自ずから次元を異にする。系譜と物語を紡いで織り成される歴史の文脈を統合する〈理〉の文法を読み解くことこそ、何よりも優先されるべき課題である。〈理〉によって構築された全体から、恣意に部分を切り出して鑑賞するところまでは、『古事記』の研究史はいまだ成熟していないように思われる。

本書の母胎(一部)をなすのは主として次の既発表論文であるが、原形をそのまま残すものは一つもない。参看していただければ幸いである。

「『古事記』下巻試論」(『日本文学』四〇巻四号、一九九一年)
「仁徳系譜の始発」(『古事記年報』三八、一九九五年)
「イリヒコの歴史とタラシヒコの歴史」(『青山語文』二七号、一九九七年)
「『古事記』の歴史叙述」(『古事記の成立　古事記研究大系1』、一九九七年、高科書店)

「律令国家の文学」（佐藤信編『日本の時代史4　律令国家と天平文化』、二〇〇二年、吉川弘文館）

二〇〇八年四月

矢嶋　泉

参考資料

『古事記』序文

《訓読文》

古事記上巻〈并せて序〉

①臣安万侶言《まを》す。②夫《それ》、混元既に凝《こ》りて、気象未だ効《あらは》れず。名も無く為《わざ》も無し。誰《たれ》か其の形を知らむ。③然《しか》れども、a乾坤《けんこん》初めて分れて、参神造化の首《はじめ》と作《な》り、b陰陽斯《ここ》に開けて、二霊群品の祖《おや》と為《な》りき。④所以《このゆゑ》に、a幽顕に出入して、日月目を洗ふに彰《あらは》れ、b海水に浮沈して、神祇《じんぎ》身を滌《すす》ぐに呈《あらは》れき。⑤故《かれ》、a太素は杳冥《えうめい》にあれども、本教に因《よ》りて土《くに》を孕《はら》み島《しま》を産みし時を識《し》り、b元始は綿《めん》邈《ばく》にあれども、先聖に頼《よ》りて神を生み人を立てし世を察《し》れり。⑥寔《まこと》に知りぬ、a鏡を懸《か》け珠《たま》を吐《は》きて、百王相続し、b剣《つるぎ》を喫《か》み蛇《へみ》を切りて、万神蕃息《はんそく》せしことを。⑦a安河《やすのかは》に議《はか》りて天の下を平《たひら》げ、b小浜《をはま》に論《あげつら》ひて国土《くに》を清めたまひき。⑧是《ここ》を以《もち》て、a番仁岐命《ほのににぎのみこと》、初めて高千嶺《たかちほのみね》に降《くだ》り、b神《かむ》倭天皇《やまとのすめらみこと》、秋津島《あきづしま》に経歴したまひき。⑨a化熊《くわゆう》爪を出《い》だして、天剣高倉に獲《え》、b生尾径《みち》を遮《さ》へて、大烏吉野に導きまつりき。⑩a儛《まひ》を列ねて賊《あた》を攘《はら》ひ、b歌を聞きて仇《あた》を伏《したが》へたまひき。⑪即《すなは》ち、a夢《いめ》に覚《さと》りて神祇を敬《ゐやま》ひたまひき。所以《そこゆゑ》に賢后と称《まを》す。b烟《けぶり》に望みて黎元《れいげん》を撫《な》でたまひき。今に聖帝と伝ふ。⑫a境を定め邦《くに》を開きて、近淡海《ちかつあふみ》に制《をさ》め、b姓を正し氏を撰《えら》ひて、遠飛鳥《とほつあすか》に勒《をさ》めたまひき。

ii 歩《ほ》驟《しう》各《おのおの》異《こと》にして、文質同じくあらずと雖《いへど》も、古《いにしへ》を稽《かむが》へて風猷《ふういう》を既に頽《すた》れたるに縄《ただ》し、今に照して典教を絶えむと欲《す》るに補《おきぬ》ひたまはずといふこと莫《な》し。

iii ①飛鳥清原大宮《あすかのきよみはらのおほみや》に大八洲《おほやしま》を御《をさ》めたまひし天皇の御世に曁《いた》りて、潜龍元を体し、洊雷《せんらい》期に応じき。然《しか》れども、夢《いめ》の歌を開きて業《わざ》を纂《つ》がむことを相《おも》ひ、夜の水に投《いた》りて基《もとゐ》を承《う》けむことを知りたまひき。天の時未だ臻《いた》らずして、南山に蟬蛻《せんぜい》したまひ、人事共給《そなは》りて、東国に虎歩したまひき。皇輿《くわうよ》忽《たちま》ちに駕して、山川を淩《こ》え度《わた》りたまひき。六師雷《いかづち》と震《ふる》ひ、三軍電《いなづま》と逝《ゆ》きき。杖矛威を挙《ふる》ひ、猛士烟《けぶり》と起《お》こり、絳旗兵《つはもの》を耀《かかや》かし、凶徒瓦《かはら》と解けき。未だ浹辰《せふしん》を移さず、気沴《きれい》自《おのづか》ら清し。乃《すなは》ち、牛を放《はな》ち馬を息《いこ》へ、愷悌《がいてい》して華夏に帰りたまひき。旌《はた》を巻き戈《ほこ》を戢《をさ》め、儛詠《ぶえい》して都邑《といふ》に停《とど》まりたまひき。歳大梁《ほしたいりやう》に次《やど》り、月俠鐘《けふしよう》に踵《あた》りて、清原大宮《きよみはらのおほみや》にして、昇りて天位《あまつくらゐ》に即《つ》きたまひき。②道は軒后に軼《す》ぎ、徳は周王に跨《こ》えたまひき。乾符《けんぷ》を握《と》りて六合《りくがふ》を摠《す》べたまひ、天統を得て八荒を包《か》ねたまひき。二気の正しきに乗りて、五行の序《つぎて》を斉《ととの》へたまひき。神理を設《ま》けて俗《よ》に奨《すす》め、英風を敷きて国に弘《ひろ》めたまひき。③重加《しかのみにあら》ず、智海は浩汗《かうかん》として、潭《ふか》く上古を探《さぐ》りたまひ、心鏡は煒煌《ゐくわう》として、明らかに先代を覩《み》たまひき。

iv ①是《ここ》に、天皇詔《すめらみことのりたま》ひしく、「朕《あれ》聞けらく、『諸家の賫《も》てる帝紀と本辞と、既に正実に違《たが》ひ、多く虚偽を加ふ』ときけり。今の時に当りて、其の失《あやまり》を改めずは、幾《いく》ばくの年をも経ずして、其の旨《むね》滅びなむとす。斯乃《これすなは》ち、邦家の経緯、王化の鴻基《こうき》なり。故惟《かれこれ》、帝紀を撰録し、旧辞を討覈《とうかく》して、偽《いつはり》を削り実《まこと》を定めて、後葉《のちのよ》に流《つた》へむと欲《おも》ふ」とのりたまひき。②時に舎人《とねり》有り。姓《うぢ》は稗田《ひえだ》、名は阿礼《あれ》、年は是《これ》廿八。為人《ひととなり》聡明にして、目に度《わた》れば口に誦《よ》み、耳に払《ふ》るれば心に勒《しる》す。即《すなは》ち、阿礼に勅語して、帝皇《すめらみことの》日《ひ》継《つぎ》と先代旧辞《さきつよのふること》とを誦《よ》み習はしめたまひき。③然《しか》れども、運《とき》移り世異《かは》りて、未だ其の事を行ひたまはざりき。

v伏して惟《おしひみ》るに、皇帝陛下、一を得て光宅し、三に通して亭育したまふ。紫宸《ししん》に御《いま》して徳は馬の蹄《つめ》の極《きは》まる所を被《おほ》ひたまひ、玄扈《げんこ》に坐《いま》して化は船頭《ふなのへ》の逮《およ》ぶ所を照らしたまふ。日浮かびて暉《ひかり》を重ね、雲散りて烟《けぶり》に非ず。柯《えだ》を連《つら》ね穂を幷《あは》す瑞《しるし》、史《ふみびと》書《しる》すこと絶たず、烽《とぶひ》を列《つら》ね訳《をさ》を重ぬる貢《みつき》、府空《むな》しき月無し。名は文命よりも高く、徳は天乙よりも冠《まさ》れりと謂《い》ひつ可《べ》し。

vi①焉《ここ》に、旧辞の誤り忤《たが》へるを惜しみ、先紀の謬《あやま》り錯《まじ》れるを正さむとして、和銅四年九月十八日を以《もち》て、臣安万侶に詔《の》りたまはく、「稗田阿礼が誦《よ》める勅語の旧辞を撰録して献上《たてまつ》れ」とのりたまへば、謹《つつし》みて詔旨《おほみこと》の随《まにま》に、子細に採り摭《ひり》ひつ。②然《しか》れども、上古の時、言《ことば》と意《こころ》と並《なら》びに朴《すなほ》にして、文《ふみ》を敷き句を構ふること、字に於きて即《すなは》ち難《かた》し。已《すで》に訓に因《よ》りて述べたるは、詞《ことば》心に逮《およ》ばず。全《また》く音を以て連ねたるは、事の趣《おもぶき》更に長し。是《ここ》を以《もち》て、今、或は一句の中《うち》に、音訓を交へ用ゐ、或は一字の内に、全く訓を以て録《しる》しつ。即ち、辞理《じり》の見え叵《がた》きは、注を以て明らかにし、意況《いきやう》の解《さと》り易《やす》きは、更に注せず。亦《また》、姓《うぢ》に於きて「日下」を玖沙訶《くさか》と謂《い》ひ、名に於きて「帯」の字を多羅斯《たらし》と謂《い》ふ、此《かく》の如き類《たぐひ》は、本《もと》の随《まにま》に改めず。③大抵《おほよそ》記せる所は、天地開闢《かいびやく》より始めて、小治田御世《をはりだのみよ》に訖《をは》る。故《かれ》、天御中主神《あめのみなかぬしのかみ》以下《よりしも》、日子波限建鵜草葺不合命《ひこなぎさたけうかやふきあへずのみこと》以前《よりさき》をば上巻とし、神倭伊波礼毘古天皇《かむやまといはれびこのすめらみこと》以下《よりしも》、品陀御世《ほむだのみよ》以前《よりさき》をば中巻とし、大雀皇帝《おほさざきのすめらみこと》以下《よりしも》、小治田大宮《をはりだのおほみや》以前《よりさき》をば下巻とす。幷《あは》せて三巻を録《しる》して、謹みて献上《たてまつ》る。④臣安万侶、誠惶《せいくわう》誠恐、頓首頓首。

⑤和銅五年正月廿八日

正五位上勲五等太朝臣安万侶

《原文》

古事記上巻〈并序〉

i ①臣安万侶言。②夫、混元既凝、気象未効。無名無為。誰知其形。③然、a乾坤初分、参神作造化之首、b陰陽斯開、二霊為群品之祖。④所以、a出入幽顕、日月彰於洗目、b浮沈海水、神祇呈於滌身。⑤故、a太素杳冥、因本教而識孕土産島之時、b元始綿邈、頼先聖而察生神立人之世。⑥寔知、a懸鏡吐珠、而百王相続、b喫剣切蛇、以万神蕃息与。⑦a議安河而平天下、b論小浜而清国土。⑧是以、a番仁岐命、初降于高千嶺、b神倭天皇、経歴于秋津嶋。⑨a化熊出爪、天剣獲於高倉、b生尾遮径、大烏導於吉野。⑩a列儛攘賊、b聞歌伏仇。⑪即、a覚夢而敬神祇、所以称賢后。b望烟而撫黎元、於今伝聖帝。⑫a定境開邦、制于近淡海、b正姓撰氏、勒于遠飛鳥。

ii 雖歩驟各異、文質不同、莫不稽古以縄風猷於既頽、照今以補典教於欲絶。

iii ①曁飛鳥清原大宮御大八州天皇御世、潜龍体元、洊雷応期。開夢歌而相纂業、投夜水而知承基。然、天時未臻、蝉蛻於南山、人事共給、虎歩於東国。皇輿忽駕、淩度山川、六師雷震、三軍電逝。杖矛挙威、猛士烟起、絳旗耀兵、凶徒瓦解。未移浹辰、気沴自清。乃、放牛息馬、愷悌帰於華夏、巻旌戢戈、儛詠停於都邑。歳次大梁、月踵俠鐘、清原大宮、昇即天位。②道軼軒后、徳跨周王。握乾符而捴六合、得天統而包八荒。乗二気之正、斉五行之序、設神理以奨俗、敷英風以弘国。③重加、智海浩汗、潭探上古、心鏡煒煌、明覩先代。

iv①於レ是、天皇詔之、朕聞、諸家之所レ賷帝紀及本辞、既違二正実一、多加二虚偽一。当二今之時一、不レ改二其失一、未レ経二幾年一、其旨欲レ滅。斯乃、邦家之経緯、王化之鴻基焉。故惟、撰二録帝紀一、討二覈旧辞一、削レ偽定レ実、欲レ流二後葉一。②時有二舎人一。姓稗田、名阿礼、年是廿八。為レ人聡明、度レ目誦レ口、払レ耳勒レ心。即、勅二語阿礼一、令レ誦二習帝皇日継及先代旧辞一。③然、運レ移世レ異、未レ行二其事一矣。

v伏惟、皇帝陛下、得レ一光宅、通レ三亭育。御二紫宸一而徳被二馬蹄之所一レ極、坐二玄扈一而化照二船頭之所一レ逮。日浮重レ暉、雲散非レ烟。連レ柯并レ穂之瑞、史不レ絶レ書、列レ烽重レ訳之貢、府無二空月一。可レ謂下名高二文命一、徳冠中天乙上矣。

vi①於焉、惜二旧辞之誤忤一、正二先紀之謬錯一、以二和銅四年九月十八日一、詔二臣安万侶一、撰二録稗田阿礼所誦之勅語旧辞一以献上者、謹随二詔旨一、子細採摭。②然、上古之時、言意並朴、敷レ文構レ句、於レ字即難。已因レ訓述者、詞不レ逮レ心。全以レ音連者、事趣更長。是以、今、或一句之中、交二用音訓一、或一字之内、全以レ訓録。即、辞理叵レ見、以レ注明、意況易レ解、更非レ注。亦、於レ姓日下謂二玖沙訶一、於レ名帯字謂二多羅斯一、如レ此之類、随レ本不レ改。③大抵所レ記者、自二天地開闢一始、以訖二于小治田御世一。故、天御中主神以下、日子波限建鵜草葺不合命以前、為二上巻一、神倭伊波礼毘古天皇以下、品陀御世以前、為二中巻一、大雀皇帝以下、小治田大宮以前、為二下巻一、并録二三巻一、謹以献上。
④臣安万侶、誠惶誠恐、頓々首々。

⑤和銅五年正月廿八日　正五位上勲五等太朝臣安万侶

主要参考文献

青木和夫『白鳳・天平の時代』（二〇〇三年、吉川弘文館）
新井栄蔵「万葉集季節観攷」（『万葉集研究』第五集、一九七六年、塙書房）
有坂秀世「古事記に於けるモの仮名の用法について」（『国語と国文学』九巻一一号、一九三二年）
安藤正次『記・紀・万葉集論考　安藤正次著作集4』（一九七四年、雄山閣）
筏　勲『上代日本文学論集』（一九五五年、民間大学刊行会）
筏　勲「古事記偽書説は根拠薄弱であるか」上下（『国語と国文学』三九巻六・七号、一九六二年）
池上禎造「古事記に於ける仮名『毛・母』に就いて」（『国語国文』二巻一〇号、一九三二年）
石母田正『日本古代国家論　第一部』（一九七三年、岩波書店）
伊藤　博『万葉集の構造と成立』上下（一九七四年、塙書房）
岡正雄・八幡一郎・江上波夫・石田英一郎「対談と討論　日本民族＝文化の源流と日本国家の形成」（『民族学研究』一三巻三号、一九四九年二月）
春日政治「仮名発達史序説」（岩波講座『日本文学』、一九三三年、岩波書店）
金井清一「古事記　解説」（『鑑賞日本の古典Ⅰ　古事記・風土記・日本霊異記』、一九八一年、尚学図書）
河内祥輔『古代政治史における天皇制の論理』（一九八六年、吉川弘文館）

神田秀夫『古事記の構造』(一九五九年、明治書院)
北川和秀「古事記上巻と日本書紀神代巻との関係」(『文学』四八巻五号、一九八〇年)
倉野憲司『古事記論攷』(一九四四年、立命館出版部)
武田祐吉『古事記研究　帝紀攷』(『武田祐吉著作集』第二巻、一九七三年、角川書店)
田中　卓「古事記における国名とその表記」(『古事記年報』二四、一九八二年)
中沢見明「古事記は偽書か」(『史学雑誌』三五編五号、一九二四年)
中沢見明『古事記論』(一九二九年、雄山閣)
西田長男「曾富理神」(『宗教研究』一八四号、一九六五年)
西宮一民「古事記行文私解」(『古事記年報』一五、一九七二年)
西宮一民「古事記訓詁二題」(『関西大学　国文学』五二号、一九七五年九月)
松本雅明「古事記の奈良朝後期成立について」(『史学雑誌』六四編八・九号、一九五五年)
矢嶋　泉「悪神之音如狭蠅皆満　万物之妖悉発」(『聖心女子大学論叢』六七集、一九八六)
矢嶋　泉「『古事記』音読注・訓注の施注原理」(『国語と国文学』六〇巻九号、一九八三年)
矢嶋　泉「『古事記』〈国譲り神話〉の一問題」(『日本文学』三七巻三号、一九八八年)
矢嶋　泉「『古事記』神武〈東行〉論」(『青山語文』一八号、一九八八年)
矢嶋　泉「ハックニシラススメラミコト」(『青山語文』一九号、一九八九年)
矢嶋　泉「『古事記』中・下巻の反乱物語」(『稲岡耕二先生還暦記念　日本上代文学論集』、一九九〇年、塙書房)

矢嶋　泉「『古事記』下巻試論」（『日本文学』四〇巻四号、一九九一年）
矢嶋　泉「『歌経標式』の例歌」（沖森・佐藤・平沢・矢嶋『歌経標式　注釈と研究』、一九九三年、桜楓社）
矢嶋　泉「『上宮記』逸文所引『一云』の資料性」（『青山学院大学文学部紀要』三八号、一九九四年）
矢嶋　泉「仁徳系譜の始発」（『古事記年報』三八、一九九五年）
矢嶋　泉「『古事記』の歴史叙述」（『古事記の成立　古事記研究大系1』、一九九七年、高科書店）
矢嶋　泉「イリヒコの歴史とタラシヒコの歴史」（『青山語文』二七号、一九九七年）
矢嶋　泉「律令国家の文学」（佐藤信編『日本の時代史4　律令国家と天平文化』、二〇〇二年、吉川弘文館）
矢嶋　泉「『古事記』の大物主神」（『青山語文』三五号、二〇〇五年）
矢嶋　泉「『上宮聖徳法王帝説』の構造」（沖森・佐藤・矢嶋『上宮聖徳法王帝説　注釈と研究』、二〇〇五年、吉川弘文館）
矢嶋　泉「『古事記』の時代性」（『論集上代文学』二九冊、二〇〇七年）
吉井　巌『天皇の系譜と神話』（一九六七年、塙書房）
吉井　巌『天皇の系譜と神話　二』（一九七六年、塙書房）
吉井　巌『ヤマトタケル』（一九七七年、学生社）
吉井　巌『天皇の系譜と神話　三』（一九九二年、塙書房）

著者紹介

一九五〇年、神奈川県に生まれる
一九七五年、東京学芸大学教育学部卒業
一九七九年、東京大学大学院人文科学研究科
博士課程中退
現在、青山学院大学文学部教授

主要著書
歌経標式 注釈と研究（共著）
藤氏家伝 注釈と研究（共著）
上宮聖徳法王帝説 注釈と研究（共著）
出雲国風土記（共著）
播磨国風土記（共著）

歴史文化ライブラリー
260

古事記の歴史意識

二〇〇八年（平成二十）九月一日 第一刷発行

著　者　矢《や》嶋《じま》　泉《いづみ》
発行者　前田求恭
発行所　株式会社 吉川弘文館
東京都文京区本郷七丁目二番八号
郵便番号一一三―〇〇三三
電話〇三―三八一三―九一五一〈代表〉
振替口座〇〇一〇〇―五―二四四
http://www.yoshikawa-k.co.jp/
印刷＝株式会社 平文社
製本＝ナショナル製本協同組合
装幀＝清水良洋・河村誠

歴史文化ライブラリー

1996.10

刊行のことば

現今の日本および国際社会は、さまざまな面で大変動の時代を迎えておりますが、近づきつつある二十一世紀は人類史の到達点として、物質的な繁栄のみならず文化や自然・社会環境を謳歌できる平和な社会でなければなりません。しかしながら高度成長・技術革新にともなう急激な変貌は「自己本位な刹那主義」の風潮を生みだし、先人が築いてきた歴史や文化に学ぶ余裕もなく、いまだ明るい人類の将来が展望できていないようにも見えます。

このような状況を踏まえ、よりよい二十一世紀社会を築くために、人類誕生から現在に至る「人類の遺産・教訓」としてのあらゆる分野の歴史と文化を「歴史文化ライブラリー」として刊行することといたしました。

小社は、安政四年(一八五七)の創業以来、一貫して歴史学を中心とした専門出版社として書籍を刊行しつづけてまいりました。その経験を生かし、学問成果にもとづいた本叢書を刊行し社会的要請に応えて行きたいと考えております。

現代は、マスメディアが発達した高度情報化社会といわれますが、私どもはあくまでも活字を主体とした出版こそ、ものの本質を考える基礎と信じ、本叢書をとおして社会に訴えてまいりたいと思います。これから生まれでる一冊一冊が、それぞれの読者を知的冒険の旅へと誘い、希望に満ちた人類の未来を構築する糧となれば幸いです。

吉川弘文館

〈オンデマンド版〉
古事記の歴史意識

歴史文化ライブラリー
260

2019年（令和元）9月1日　発行

著　者　矢《や》嶋《じま》　泉《いづみ》
発行者　吉　川　道　郎
発行所　株式会社　吉川弘文館
〒113-0033　東京都文京区本郷7丁目2番8号
TEL　03-3813-9151〈代表〉
URL　http://www.yoshikawa-k.co.jp/

印刷・製本　大日本印刷株式会社
装　幀　清水良洋・宮崎萌美

矢嶋　泉（1950～）

ISBN978-4-642-75660-0